Richard Flume

•

Aus dem Logbuch eines alten Segelschiffskapitäns

Richard Flume

Aus dem Logbuch eines alten Segelschiffskapitäns

Biographische Erzählung

Bibliografische Information der Deutschen Nationalbibliothek
Die Deutsche Nationalbibliothek verzeichnet diese Publikation in der Deutschen Nationalbibliografie; detaillierte bibliografische Daten sind im Internet über http://dnb.d-nb.de abrufbar.

Rheinstraße 46, 12161 Berlin
Telefon: 0 30 / 76 69 99-0
www.frieling.de

Umschlaggestaltung: Michael Beautemps unter Verwendung eines Fotos des Autors
1. Auflage 2019
ISBN 978-3-8280-3479-2
Printed in Germany

Inhalt

Meine erste Seereise im Jahre 1886 9

Die Reise mit der Rostocker Bark
»Amaranth« als Leichtmatrose 18

Etwas über Bemannung und Heuern
der deutschen Schiffahrt 21

Das Vollschiff »Anna« von Bremen als Vollmatrose 22

An Bord des Dampfers »Romulus« 23

Bark »James G. Pendleton« von Searsport, USA 28

In New York 35

Wieder in Deutschland 1892 37

Als Einjähriger bei der kaiserlichen Kriegsmarine 40

Als Zweiter Steuermann auf dem Vollschiff »Ruthin« 47

Die Reise mit dem Vollschiff »Primus«,
Kapitän B. Reumann 58

Kap-Horn-Reisen 62

Besuch der Navigationsschule in Geestemünde (Wesermünde) 64

Erinnerungen meiner siebenwöchigen Reservistenübung 64

An Bord des Fischdampfers »Vegesack« 70

An Bord der deutschen Bark »Bille« 71

Mein Aufenthalt in Calcutta 79

An Bord des Dampfers »Titus« im Jahre 1898 80

An Bord des Dampfers »Severus« 83

An Bord der Bark »Antigone«, Kapitän Hökelmann, im Jahre 1899 bis 1900 84

Die Reise nach Lagos (Westküste Afrikas) mit einem Barredampfer 88

An Bord der holländischen Bark »Anna Aleide« 95

Auf dem Dampfer »Industrie« 100

Spanien-Reisen mit dem Dampfer »Orconera« 1902 bis 1904 101

Mittelmeer-Reise mit Dampfer »Byzanz« im Jahre 1904 102

Meuterei an Bord des Vollschiffes
»Melpomene« 1904 107

Wieder in Hamburg 112

Die Reise mit einem Saugbagger
nach Swakopmund (DSWA) 113

Die Reisen mit Dampfer
»Carl Menzell« 1910 bis 1913 117

Die Strandung des Dampfers »Lübeck«
bei der Lotsenstation Tranö bei Narvik
im Jahre 1913 119

An Bord des englischen Dampfers »Isle of Moll«
im Jahre 1914 122

Aufenthalt in New York im Jahre 1914 124

Fahrten in der Nord- und Ostsee 130

An Bord des Dampfers »Matador«,
später umgetauft auf »Indalselfen«, 1915 131

An Bord des Dampfers »Jessika« 136

Dampfer »Caroline Hemsoth« 137

Reisen auf Segelschiffen
in der Nord- und Ostsee als Kapitän 138

Die Rettung der Schiffbrüchigen
des Seglers »Cöln« 141

Nach dem Ersten Weltkrieg 144

Die Reise des Dreimast-Motor-Schoners »Lauri« 147

Meine erste Seereise im Jahre 1886

Als Sohn des Apothekers R. Flume bin ich am 9. März 1868 in Westfalen geboren und in Bonn am Rhein aufgewachsen. Verließ die Heimat, um meinem Drange, Seemann zu werden, zu folgen, nachdem ich bis zum 16. Lebensjahre das Gymnasium besucht hatte. In Hamburg wurde ich von einem Jugendfreunde meines Vaters erwartet. Einer seiner Angestellten verhalf mir zu einer Schiffsjungenstelle auf einem großen, schönen, in Bremen beheimateten Vollschiff. Das stolze Schiff hieß »Dakota«. Da auf diesem Schiff keine Stelle frei und die Mannschaft schon vollzählig angemustert war, wurde kurzerhand ein Junge wieder abgemustert. Dafür verlangte der Kapitän 100 RM und für den Obersteuermann weitere 100 RM; dem entlassenen Jungen wurde vorgeschwindelt, ich sei ein naher Verwandter des Reeders. In der damaligen Zeit war es sehr schwer für einen Jungen unbemittelter Eltern, bei der Seefahrt unterzukommen. Es war die Glanzzeit der Heuerbaase, die in Zeitungen der Provinzstädte gute Stellen anpriesen, aber die Eltern hohe Prämien kosteten. Zu dieser Kategorie Ausbeuter zählten auch die am Hafen befindlichen Ausrüstungsgeschäfte, die für minderwertige Kleidung hohe Preise nahmen. Meistens arbeiteten die Heuerbaase und die Ausrüstungsgeschäfte Hand in Hand.

In meinen Jünglingsjahren rauchte ich, natürlich unerlaubterweise, schon sehr gerne. Zu der damaligen Zeit, im Gegensatz zu heute, war den Jungen das Rauchen an Bord verboten. Ungeachtet des Verbotes versah ich mich dennoch vor dem Anbordgehen reichlich mit Tabak, zur Freude der Matrosen, denn dieselben nahmen mir nicht nur den Tabak weg, sondern rauchten ihn auch auf. Als ich an Bord kam, war die Besatzung mit dem Unterschlagen der Segel beschäftigt, während ich Messing putzen mußte, wozu ich gar keine Lust verspürte. In meiner Freizeit mußte ich das Mannschaftslogis reinigen, Essensgeschirr aufwaschen, Toiletten säubern, den Tisch für die Herren Matrosen auf- und abdecken und anschließend noch das ganze Deck fegen, denn auf Sauberkeit wurde sehr viel Wert gelegt. Aber leider waren es alles Arbeiten, die ich als Herrensöhnchen nicht gewohnt war und die mir auch gar nicht zusagten. Der zweite Tag gefiel mir schon besser, ich ging mit in die Takelage, um beim Unterschlagen der Segel zu helfen. Es war eine ganz besondere Freude für mich, hoch oben über Deck bei den akrobatischen Arbeiten zu helfen. Um Matrose zu werden, mußte man zu der Segelschiffszeit sehr viel Praktisches lernen, gar nicht zu vergleichen mit den Anforderungen, die an einen Matrosen eines Dampfers gestellt werden.

Einige Tage später verließ die »Dakota« unter Lotsenführung und Schlepperhilfe mit 25 Mann Besatzung den Hamburger Hafen. Die Reise ging nach Baltimore in den USA mit einer Ladung Salz und leeren Petroleumfässern, die als Heimfracht gegen volle Fässer ausgewechselt werden sollten. Bei dem Feuerschiff »Elbe 2« wurde der Schlepper und Lotse entlassen und mit eigenen Segeln die Reise fortgesetzt. Im englischen Kanal hatten wir eine steife und günstige Brise. Das Schiff machte sehr gute Fahrt. Die »Dakota« war ein Schnellsegler und hatte manchen Dampfer überholt; zeitweise lief das Schiff 12 Knoten. Im Atlantik mußte der Segler manchen Sturm und hohe, wilde See bestehen. Es gab dann viel schwere Arbeit, und es mußten sehr häufig fast alle Segel geborgen werden, trotzdem zerrissen einige starke Obermarssegel. Die Seekrankheit hat mich unbehelligt gelassen. Bewundert habe ich immer unseren Schiffskoch, bei dem starken Stampfen und Rollen des Schiffes hatte er in der Kombüse alle Hände voll zu tun und darauf zu achten, daß die Kochtöpfe nicht von dem Herd sausten und das Essen immer rechtzeitig fertig wurde. Das Essen war reichlich und gut. Nachdem wir eine Woche von Hamburg fort waren, gab es kein Frischbrot mehr, sondern nur noch Hartbrot. Nur sonntags und donnerstags gab es Sackkoken (Großen Hans) und etwas frisches Weißbrot, das der Koch selber backte. Dem Range entsprechend, hatten der Kapitän und die Offiziere stets frisches Schwarz- und Weißbrot auf der Tafel. Das Hartbrot wurde, wegen der feuchten Witterung, in Tanks aufbewahrt und war schon wer weiß wie lange an Bord. Daher ist es auch nicht verwunderlich, daß sich Maden in dem Brot entwickelten. Aber das konnte uns Seemänner nicht erschüttern. Man klopfte das Brot tüchtig auf die Back (Tisch), und dann krabbelten die lieben Tierchen auch schon heraus. Wieviel wir von dem Zeug wohl täglich verspeisten, habe ich leider nicht feststellen können. Die Mannschaft dieses Schiffes stammte aus der Bremer Gegend, und zwar aus Vegesack, Blumenthal und Rönnebeck, und behandelte uns Jungen auf eine bestialische Weise. An Bord der großen Rahschiffe gibt es hunderte Taue, von denen ein jedes eine Namensbezeichnung hat. Die Brassen sind Taue, mit denen den Rahen bei verändertem Winde eine andere Stellung gegeben wird, sowie Taue zum Aufgeien oder Niederholen von Segeln. Der Junge soll dann immer als erster zur Stelle sein und sofort das richtige

Tau, auch bei dunkler Nacht, in den Händen haben. Das soll aber erst gelernt werden! Jedesmal, wenn man nicht das richtige Tau fand, wurde man mit demselben fürchterlich bearbeitet. Als Junge habe ich das Schlagen schon als menschenunwürdig empfunden, und habe mich auch stets gewehrt, was aber zur Folge hatte, daß sofort mehrere Rohlinge über mich herfielen. Mit meinem gekauften Tabak ist es mir, wie bereits erwähnt, auch übel ergangen. Heimlich ging ich, im Hafen nachts, unter die Back (vorderster Teil des Schiffes), um unbemerkt zu rauchen. Dabei wurde ich ertappt und jämmerlich geschlagen. Meine 4 Pfund Tabak wurden mir abgenommen, und haben die Matrosen unter sich verteilt. Damals nahm ich mir vor, daß ich niemals, wenn ich später Kapitän oder Steuermann geworden bin, derartige feige Gemeinheiten dulden würde. In meiner späteren Laufbahn habe ich das auch nie vergessen. Als ich später auf Segelschiffen fremder Nationen als Matrose und Steuermann fuhr, kamen derartige Roheiten niemals vor, obwohl die Disziplin sehr streng war.

Einige Tage ehe wir in Baltimore ankamen, wurde in großem Abstande ein Schiff, das steuerlos trieb, gesichtet. Beim Näherkommen sahen wir, daß das Schiff ein amerikanischer Schoner war. Die drei Masten und der Klüverbaum fehlten, nur vom Großmast stand noch ein Stumpf, an dem das Notsignal wehte. An Deck des Schoners entdeckten wir zwei Menschen, und zwar einen Mann und eine Frau. Unsere Leute stellten als erstes fest, daß es ein hübsches Mädchen wäre, das uns mit einem bunten Tuche winkte. Wir setzten ein Boot aus, was bei der schweren See natürlich ein riskantes Unternehmen darstellte. Der zweite Steuermann und vier Matrosen fuhren an das Wrack heran.

Es war der hohen See und des Soges wegen nicht möglich, längsseit des Schiffes zu kommen. Schließlich gelang das Rettungswerk hinten am Heck. Durch das starke Stampfen des Schiffes kam das Schiff ab und zu in Höhe der Reling. Der Kapitän von dem Havaristen hatte seine Frau in ein Bettbündel gepackt und beim Hochsetzen des Bootes, der »Hübsche Deern«, in dasselbe geworfen und sprang dann hinterher. Das ganze Rettungsmanöver ging ohne Unfall vonstatten. Wie wir durch den geretteten Kapitän erfuhren, hat sich diese Tragödie folgendermaßen abgespielt: Vor einigen Tage war das Schiff während der Nacht, als der Kapitän und seine Frau in der Kajüte schliefen, mit einem anderen Schiff zusammengestoßen. Die Besatzung sprang auf das andere Schiff über und ließ die beiden hilflos an Bord zurück. Das Boot konnte mit den Geretteten wieder wohlbehalten an Bord genommen werden. Aber für die Janmaaten gab es eine große Enttäuschung, denn jetzt stellten sie fest, daß die »Hübsche Deern en bid wiel wör«. Da wir ungünstigen Wind hatten und alle paar Stunden über Steg gehen mußten, konnten wir leider das mit einer wertvollen Ladung beladene Schiff nicht schleppen.

Nach einer guten, trotz des Rettungsmanövers schnellen Überfahrt wurde unser Bestimmungshafen Baltimore wohlbehalten erreicht. Hier bekam unser Kapitän als Anerkennung von der amerikanischen Regierung eine goldene Uhr, die eigentlichen Retter gingen leer aus.

Wenige Tage nach unserer Ankunft in Baltimore erhielten wir die Nachricht, daß das Wrack durch einen Dampfer in Philadelphia eingeschleppt sei. Zu der damaligen Zeit mußte die Mannschaft noch das Entlöschen des Schiffes selber bewältigen, und somit gingen auch für uns, nachdem wir das Löschgeschirr aufgetakelt hatten, die schweren Hafenarbeiten los. Wir löschten die Ladung vermittels Handwinden. Das war eine sehr schwere Arbeit, wobei auch unsere Steuerleute helfen mußten. Die Arbeitszeit im Hafen war von 6 am bis 6 pm, mit Unterbrechung der Frühstückspause, der Mittagsstunde und der Kaffeezeit. Für uns Junggrade begann schon um 4 am die Arbeitszeit. Um 5.30 am, wenn die Matrosen geweckt wurden, mußte das Mannschaftslogis gereinigt, der Kaffeetisch gedeckt und die Aborte in Ordnung sein. Aber trotzdem hatten die Matrosen immer etwas an der Arbeit der Jungens auszusetzen, und es wurden dann die ersten Prügelrationen verabfolgt. Nach Feierabend durften wir Junggrade, erst wenn die Backschaft gemacht und das Logis wieder auf Hochglanz poliert war, nach erbetener Erlaubnis beim Obersteuermann an Land gehen, mußten aber zur festgesetzten Zeit wieder an Bord sein. Sonnabend erhielt jeder Matrose 1 Dollar, Leichtmatrosen ½ und die Junggrade ¼ Dollar, diese Summe wurde der Mannschaft selbstverständlich wieder von ihrem Guthaben abgezogen.

Als auch ich am Sonnabend um die Erlaubnis, an Land gehen zu dürfen, bat, sagte der Obersteuermann: »Du hast ja deinen ¼ Dollar noch nicht abgeholt, willst du denn kein Geld?« Ich verneinte es dummerweise und bemerkte, daß ich noch mit deutschem Geld versehen sei, da ich an Land wechseln würde. Auf die Frage, wieviel Geld ich habe, sagte ich wahrheitsgemäß 200 RM. »Sofort gibt du mir das Geld zum Aufbewahren bis Hamburg«, befahl er mir. Wohl oder übel mußte ich seinem Befehl gehorchen und ging nur mit einem Dollar, den er mir für meine 200 RM gab, an Land. Nie habe ich meine 200 Mark wiedergesehen. Ja, so sah es damals aus, mit Romantik hatte die damalige christliche Seefahrt nichts zu tun – sie hieß arbeiten und gehorchen. An dieser Stelle möchte ich noch etwas über die damalige Arbeitszeit auf See erwähnen. Laut Musterrolle, die jeder Seemann beim Anmustern unterschreiben muß, löste auf See die eine Wache die andere ab, so daß jeder verpflichtet war, 12 Stunden zu arbeiten bzw. Wache zu gehen. Hiermit jedoch nicht zufrieden, wurde zusätzlich im Heuervertrag ein Passus eingefügt, daß, wenn nötig, die Vormittagsfreiwache noch weitere zwei Stunden und nachmittags die andere Freiwache auch zwei Stunden arbeiten solle. Dieses »wenn nötig« war aber täglich der Fall, sogar wenn bei schwerem Wetter gar keine Arbeit geleistet werden konnte und das Schiff beigedreht lag.

Als die Ladung gelöscht und die Laderäume gereinigt waren, wurde mit der Übernahme von Petroleum in Fässer begonnen. Während der Liegezeit im Hafen kamen häufig Boardinghouse Runner an Bord, um die Mannschaft aufzufordern zu desertieren. Die Angebote waren für die deutschen Seeleute sehr verführerisch, da die Heuer für Matrosen in Amerika für »Deepwater« 18 Dollar (75 RM) und kürzere Reisen, z. B. nach West-Indien (...) S.3

Die Herren waren Kriminalbeamte und nahmen unseren Obersteuermann Mezey in Haft. Mezey war Österreicher und Sohn eines Rechtsanwaltes. Mezey diente als junger Mann in der österreichischen Marine als Seekadett und stand kurz vor der Beförderung zum Offizier. Er ertappte seinen Burschen dabei, wie derselbe mit seiner Braut unsittliche Handlungen vornahm. In dieser Verfassung der Empörung erstach der Seekadett Mezey den Schänder seiner Ehre und flüchtete daraufhin nach Deutschland, wo er in Elsfleth an der Weser sein Steuermanns- und Kapitänsexamen machte. Verlobte sich mit einer Tochter aus gutbürgerlichem Hause. Ansonsten war er als Lebemann in St. Pauli sehr bekannt. Als die Beamten mit dem Obersteuermann von Bord gingen, begegnete ihnen der Kapitän, welcher über die Verhaftung seines tüchtigen Steuermannes sehr erstaunt war. Konnte dagegen aber nichts unternehmen und zahlte dem Obersteuermann sofort seine wohlverdiente Heuer aus. Auf dem Gericht wurde ihm mitgeteilt, daß er in den nächsten Tagen nach Pola (damaliger Kriegshafen Österreichs) befördert würde.

Nur durch Verrat ist diese tödlich ausgelaufene Affäre der Polizei bekannt geworden. Niemand kannte seine Vergangenheit in Hamburg, nur ein Schlafbaas, bei dem Mezey Schulden haben sollte, die er aber nicht anerkennen und bezahlen wollte, hatte ihn denunziert. Irgendwie ist es dem Obersteuermann Mezey durch Bestechung gelungen, in Begleitung eines älteren K-Beamten in Zivil, noch Abschied von seiner Braut zu nehmen. Anschließend nach dem Abschiedsbesuch bei seiner Braut haben der Beamte und er noch Kneipen besucht, in denen immer ausländische Seeleute anwesend waren. Hier stellte Mezey den älteren K-Beamten den ausländischen Fahrensleuten stets als seinen Kapitän vor. Der alte Herr, der schon allerlei Alkohol genossen, war stolz auf seinen neuen Titel. Die Stimmung, durch reichhaltigen Alkoholgenuß hervorgerufen, hatte den Beamten seine Pflicht vergessen lassen. Als dann der Abend einbrach, ging die ganze Gesellschaft nach Altona zu den Tanzsälen von »Casino und Wolf« in die Freiheit. Die Mädel, auch alles Bekannte von Mezey und seinen Freunden, welche seine Befreier wurden, waren schon vorher im Bilde, daß er während der Nacht auf Nimmerwiedersehen verschwinden wollte.

Mit Hallo wurden die lustigen Herren von den Mädchen empfangen. So allmählich hatte man den K-Beamten soweit, daß er seiner Sinne nicht mehr mächtig war, und der Pseudo-Kapitän verließ am Arm seiner Schönen den Tanzsaal. Ebenso verschwand der Obersteuermann mit seinen Freunden, aber ohne Mädchen. Für Mezey verlief alles planmäßig. Am nächsten Morgen erwachte der falsche Kapitän, von seinem Obersteuermann verlassen, in den Armen einer holden Maid. Noch während der Nacht hatte der Obersteuermann seine Effekten von der »Dakota« abgeholt, um vor Tagesanbruch mit einem norwegischen Segler zu flüchten und als blinder Passagier die Reise nach den USA anzutreten. In Cuxhaven hatte das Schiff noch ankern müssen, um, wie auch jedes andere Schiff, sich einer gründlichen Durchsuchung nach dem Flüchtling zu unterziehen, jedoch vergebens. Ja, damals hatten die Seeleute noch ihre eigenen Gesetze und hielten zusammen wie Pech und Schwefel. Bei meiner nächsten Reise traf ich ihn in Philadelphia, wo er als Boardinghouse Runner fungierte, und auf einer späteren Reise war er Chief Mate (Erster Steuermann) eines amerikanischen Viermastschoners in New York. Von meinen 200 RM habe ich allerdings nie wieder etwas gesehen.

Auf meiner zweiten Reise mit der »Dakota«, von Hamburg nach Baltimore, erging es mir viel besser, da eine gute Mannschaft angemustert war. Es waren meist Skandinavier. Die von mir verlangten Arbeiten fielen mir leichter.

Die Reise mit der Rostocker Bark »Amaranth« als Leichtmatrose

Die Besatzung bestand ausschließlich aus Mecklenburgern. Die Reise ging von Hamburg nach Savannah mit einer Ladung von losem Salz und liegt auf 32 Grad Nord, 81 Grad West. Die Bevölkerung war zur Hälfte schwarzer Rasse. Die weißen und schwarzen Hafenarbeiter arbeiteten in getrennten Laderäumen, trotzdem gab es häufig Reibereien. Obwohl die Schwarzen dieselben Arbeiten verrichteten wie die Weißen, war der Lohn unterschiedlich. Die Weißen bekamen 5 und die Schwarzen 3 Dollar täglich. Auf der Eisenbahn, Straßenbahn, in Restaurants waren die Rassen durch Abteile getrennt. Das Klima war heiß und von den Seeleuten als Fieberplatz gefürchtet. Von Moskitos wurden wir sehr geplagt. Nachts konnten wir nicht in den Kojen schlafen, es war zu warm, und die Moskitos ließen uns keine Ruhe. Wir stiegen in die Mars (erster Absatz im Mast) und deckten uns mit einer Schlafdecke zu. Mehr wie 10 Meter hoch kommen die gefährlichen Blutsauger gewöhnlich nicht. Die Ausreise verlief normal. Da die »Amaranth« ein altes hölzernes Schiff war, wurde täglich mit der Hand gepumpt, aber auch die Windmühlenpumpe war beständig in Betrieb.

In Savannah erhielten wir eine Ladung Harz und Terpentin in Fässern. Bestimmungshafen war Triest im adriatischen Meer. Während der Reise bekam ein Teil der Mannschaft Fieber und war zeitweise dienstunfähig.

Der Koch hatte ein Schwein fettgemacht, und es sollte nun geschlachtet werden. Es wog 300 Pfund. Das Schwein wurde an einem Ringbolzen der großen Luke niedergezurrt, dann stieß der Koch dem Opfer ein großes Messer in den Hals. Traf aber daneben, das Tier riß sich in seiner Todesangst los und raste nun verschiedene Male um die Luke und die gesamte Mannschaft hinterher. Nun erst recht wild geworden, war niemand imstande, das um die Luke flitzende Schwein zu töten. »Wenn es keiner kann«, rief der Kapitän, »will ich es euch zeigen, wie ein Schwein geschlachtet wird«. Mit entschlossenem, wildem Blick, aufgekrempelten Hemdärmeln und hohen Krempstiefeln, die Mordwaffe in der Hand, näherte er sich dem Schwein. Der kriegerisch aussehende Pseudoschlachter hatte aber nicht mehr Ahnung vom Schlachterhandwerk wie alle anderen. Schließlich war das Schwein verblutet; es war ein wildes, unschönes Schauspiel. Geschmeckt hat das Schwein aber doch, Schwarzsauer gab es leider nicht, da das ganze Blut durch die Speigaten außenbords gelaufen ist. Nach dem Schweineschlachten kommt, wie die alten Seeleute behaupten, gewöhnlich ein starker unerwünschter Sturm auf. Da das Schwein aber nicht fachmännisch geschlachtet worden war, blieb der Sturm aus.

Eines Tages ging ich zur Kombüse, um Tee für die kranken Leute aufzubrühen. Der alte Koch saß auf einem umgekippten Eimer und sagte, er möchte nachher eine Weile wiederkommen, um sich mit mir zu unterhalten. Eine viertel Stunde später ging ich wieder in die Kombüse und fand den Koch langausgestreckt, tot an Deck liegen und bemerkte gleichzeitig eine kleine blutende Wunde an seiner Nase. Er war von seinem Eimer, als ihn ein Herzschlag traf, mit seiner Nase auf eine scharfe Kante des Herdes gefallen.

Der Koch war in derselben Stadt wie der Kapitän beheimatet und beide Familien sehr befreundet. Wir befanden uns zur Zeit des Vorfalles im Mittelmeer. Da der Kapitän die Leiche nicht ins Meer versenken wollte, mußte versucht werden, Land zu erreichen, und in unserem Falle war Sardinien, mit dem Hafen Cagliari, die am besten zu erreichende Küste. Der Zimmermann zimmerte einen schönen Sarg, und der wurde dann mit der Leiche in die Achterpoop gestellt und mit der deutschen Flagge bedeckt. Auf diesem Schiff waren die Leute, zumal nach dem Tode des Koches, sehr abergläubisch. Es wird den Seeleuten ja nachgesagt, sehr abergläubisch zu sein, und für die damaligen Seeleute traf es auch zu. Eines Abends stand ich am Ruder, als der Kapitän mir sagte, nachher, wenn ich vom Ruder abgelöst wäre, mal nachzusehen, ob der Koch noch im Sarge liege, denn er habe gesehen, daß sich die den Sarg bedeckende Flagge bewegt habe. Natürlich hatte sich die Flagge bewegt, sie hatte sich nämlich durch den Durchzug in dem Raum etwas verschoben. Ein anderes Mal, es war des Nachts und heller Mondesschein, sollte ich am Ruder abgelöst werden. Der mich ablösende Matrose behauptete allen Ernstes, er habe außer mir noch einen zweiten Mann am Ruder gesehen, und aus diesem Grunde wollte er mich vor Angst nicht ablösen. Was er natürlich gesehen hatte, war mein Schatten und nicht der Koch. Selbst unseren Zimmermann hat man schon für den Koch angesehen. Zwischen dem Mannschaftslogis und der Zimmermannswerkstelle und kammer war ein Fenster, durch welches der Zimmermann häufig in das Logis hineinschaute. Was er auch eines Tages wieder tat, ob aus Schabernack, weiß ich nicht, jedenfalls wollte die Mannschaft den Koch wiedergesehen haben, und zwar durch dieses besagte Fenster schauend.

Sieben Tage nach dem Tode des Koches ankerten wir in der Bucht von Cagliari, dieser Hafen liegt an der Südspitze von Sardinien. Hier wurde der Sarg mit dem toten Koch in ein Rettungsboot zu Wasser gefiert, und der Obersteuermann und vier Matrosen bekamen die Order, den Toten an Land zu bringen, um ihn auf einem Friedhof zu beerdigen. Da aber der tote Koch eine Verletzung an der Nase aufwies, verweigerte die Zollbehörde die Landung der Leiche, und dieselbe mußte mit dem Rettungsboot wieder an Bord gebracht werden. Durch die Verletzung an der Nase war den Behörden der Verdacht gekommen, es könnte sich möglicherweise hier um einen Mord handeln. Am nächsten Tage fuhr der Kapitän selber mit seinem toten Koch an Land und erhielt die Erlaubnis, die Leiche zu bestatten. Das Schiff blieb noch einige Tage auf der Reede vor Anker liegen, um frischen Proviant, Wein zur Stärkung der Fieberkranken und Trinkwasser an Bord zu nehmen. Am Ende der Reise bekam ich auch hohes Fieber und wurde in Triest in ein Krankenhaus gebracht, wo ich nach mehreren Wochen wieder gesund entlassen und über Land nach Hamburg zurückgeschickt wurde.

Etwas über Bemannung und Heuern der deutschen Schiffahrt

Im Verlauf der Jahre habe ich noch auf verschiedenen großen und kleineren Segelschiffen angemustert. Die schwerste Arbeit wurde auf den kleineren Schiffen verlangt. An Bord einer Brigantine, es handelt sich bei dieser Type um ein zweimastiges Segelschiff, an dem Vormast mit Rahen- und am Achtermast mit Schonertaklung, waren wir 6 Mann, und zwar Kapitän, 1 Steuermann, 1 Matrose, 2 Leichtmatrosen und 1 Junge, der gleichzeitig kochen mußte. Im Hafen mußten wir selber laden und löschen und standen von morgens bis abends an der Handwinde, so daß man abends vollständig erschöpft in die Koje sank und das Ende der Reise herbeisehnte, um abzumustern. Auf diesen Seglern war die Besatzung viel zu schwach, um bei stürmischem Wetter die Segel zu reffen oder zu bergen. Auf meinen späteren Fahrten musterte ich auch auf einer gleichgroßen amerikanischen Brigantine an. Sie war mit sieben Mann besetzt und bestand aus Kapitän, 1 Steuermann, 1 Vollkoch und 4 Matrosen. Im Hafen hatten wir mit dem Laden und Löschen nichts zu tun und bekamen eine sehr gute Verpflegung. Ein Matrose auf diesem amerikanischen Segler verdiente ebensoviel wie ein Matrose und drei Jungen zusammen auf einem gleichartigen deutschen Segelschiff.

Das Vollschiff »Anna« von Bremen als Vollmatrose

In Hamburg musterte ich als Leichtmatrose auf dem Vollschiff »Anna« an. Die Mannschaft war eine mixed crew (international). Das Kommando war in englischer Sprache. Während der Reise wurde ich zum Vollmatrosen befördert. Die Reise ging zuerst nach Cardiff (Bristol-Kanal), um Kohlen für Buenos Aires zu laden. Wir hatten eine gute Reise. Von Buenos Aires segelten wir nach New Orleans, im Staate Louisiana in den USA, um Tabak für Bremerhaven zu laden. Die Arbeiter in New Orleans sind meistens Farbige.

Wir erlebten einen harten Kampf zwischen den weißen und schwarzen Arbeitern, es wurde viel geschossen. Auch wurde kein Schiff von den Hafenarbeitern be- oder entladen, so daß wir den in Buenos Aires eingenommenen Ballast selbst löschen mußten. Obwohl das Leben auf der »Anna« und die Behandlung gut waren, desertierte doch ein Teil der Mannschaft, und es mußten dafür andere Matrosen, nach den amerikanischen Heuersätzen, angenommen werden. Der Hauptgrund der vielen Desertierungen war, wie immer, das alte Lied, die höheren Gagen auf den amerikanischen Schiffen. Hier in New Orleans hatten wir den Tot unseres Obersteuermanns zu beklagen. Der Steuermann war von dem hiesigen deutschen Turnverein zu einem Feste eingeladen und hatte bei dieser Gelegenheit zuviel eiskaltes Bier getrunken. Nachts an Bord gekommen, legte er sich in seine Hängematte, und am nächsten Morgen fanden wir ihn tot darin liegen. Nach Entlöschung des Ballastes wurden die Laderäume gründlich gereinigt, um anschließend Tabak und Baumwolle für Bremerhaven zu laden. Nach Übernahme der Ladung traten wir unsere Heimreise an. Die Heimreise ging ohne besondere Vorfälle vor sich. In Bremerhaven musterte ich ab, und da ich dreieinhalb Jahre nicht mehr zu Hause gewesen war, reiste ich nach Bonn am Rhein, um meine Eltern zu besuchen.

An Bord des Dampfers »Romulus«

Um die Steuermannschule besuchen zu können, benötigte man den Nachweis einer 48monatigen Seefahrtszeit, wovon 24 Monate als Vollmatrose und davon wenigstens 12 Monate als Vollmatrose auf Segelschiffen gefahren sein mußten. Mir fehlten nur noch 4 Monate Fahrzeit, und daher entschloß ich mich, keine langen Segelschiffsreisen mehr zu machen, und musterte auf dem Dampfer »Romulus« an. Der Dampfer lag in Bremerhaven und fuhr nach Bordeaux, um Wein in Fässern und Fischkonserven für die Westküste Südamerikas zu laden. Während der Reise wurden von den Matrosen etliche Eimer heimlich abgezapft, was sich wohltuend auf ihre Gemüter niederschlug, sie waren während der Überfahrt stets bei guter Laune. Der Kapitän hat natürlich geahnt, woher die Lustigkeit der Matrosen bzw. Heizer kam, aber es ist ihm nie gelungen, die heimlichen Kellermeister bei frischer Tat zu erwischen. Die Arbeit auf dem Smoker gefiel mir gar nicht, und ich sehnte mich auf ein großes Segelschiff zurück. Mit Segelschiffen segelten wir, um nach der Westküste Süd-Amerikas zu gelangen, um das Kap Horn. Kap Horn ist die südlichste Spitze von Feuerland. Wogegen wir mit dem Dampfer »Romulus« durch die Magalhães-Straße fuhren, das ist die Passage zwischen Patagonien und Feuerland und eine faszinierende Durchfahrt. Ganz ungefährlich war zu der damaligen Zeit diese Durchfahrt allerdings nicht, es wurden häufig die durchfahrenden Schiffe von den Feuerländern angegriffen und beraubt. Man sagte ihnen nach, daß sie Kannibalen seien. Für alle Notfälle waren Gewehre und Munition an Bord. Auf dieser Durchfahrt bekam ich meine ersten Feuerländer zu sehen. Sie statteten uns auf ihren primitiven Booten einen Besuch ab, durften aber nicht an Bord kommen. Nachdem sie Schnaps, Tabak, Streichhölzer und Petroleum erhalten und gegen einen Korb Fische ausgetauscht hatten, verschwanden sie wieder.

Die Navigation war mit sehr vielen Gefahren verbunden und bei Nacht nicht durchführbar, da (im Jahre 1890) keine Leuchtfeuer brannten. Auch gab es keine Lotsen, und die damaligen Seekarten für dieses Gebiet waren nicht zuverlässig. Am Lande waren von den Dampfern, die dort mal geankert hatten, als Zeichen des Ankerplatzes, sichtbare Stellen mit weißer Farbe markiert. Bei Dunkelwerden wurde geankert. Die Abstände der Ankerplätze voneinander waren ziemlich gleich und mußten unbedingt vor der Dunkelheit erreicht werden. Nach schwieriger Durchfahrt erreichten wir den Stillen Ozean und somit die Westküste von Südamerika. Die sehr hohen Gebirge, Kordilleren oder Anden, erstrecken sich der ganzen Küste entlang. Verschiedene chilenische Häfen wurden angelaufen, um die Ladung zu löschen, und zwar Antofagasta, Iquique und Arica. Nach der Entlöschung wurde das Schiff in Pisagua mit Salpeter beladen. In diesem Hafen war »Romulus« der einzige Dampfer. Es lagen hier viele der größten und schnellsten Segler aller Nationen im Hafen. Durch diesen hohen Andrang an Schiffen mußten wir mehrere Wochen stilliegen, ehe mit dem Beladen angefangen werden konnte. Es gab nicht so viele Salpeterstauer, wie für die vielen Schiffe benötigt wurden, zumal, wie so häufig, auch jetzt eine Revolution ausgebrochen war.

In allen Salpeterplätzen an der Westküste mußten die Schiffe der Brandung wegen ca. 2 Seemeilen vom Lande entfernt ankern, um zu laden. Wir sahen von Deck aus häufig, wie ganze Schwadronen mit ihren Pferden von dem Feind die Gebirge heruntergestürzt wurden. Zeitweise mußten wir unter Deck gehen, da viele Geschosse unser Schiff trafen. Unsere Ladebäume hatten viele Treffer aufzuweisen, jedoch das Schiff selber hatte keine Beschädigungen abbekommen. Kapitän Berndt zahlte uns auf Wunsch einen Teil unseres Guthabens aus. Wir Matrosen wollten nach Feierabend ein Boot aussetzen, um an Land zu fahren, aber der Erste Offizier verbot es uns.

Mir kam ein guter Einfall, um dennoch an Land zu kommen, nämlich aus zwei Vorlukendeckeln, die sehr groß waren, ein Floß zu machen. Der Bootsmann und ich bekamen das Floß auch glücklich zu Wasser. Zuerst kletterte ich an einem Tau, in der Mitte des Floßes, herunter. Zwei Strauchbesen, in Ermangelung von Bootsriemen, ließ ich mir hinunterfieren. Der Bootsmann sollte nun als zweiter Mann auf das Floß steigen, er erwischte aber nicht die Mitte unseres Fahrzeuges, weshalb dasselbe am anderen Ende hochging, wobei mein Kamerad abrutschte und ins Wasser fiel, jedoch wieder heraufkroch, aber nicht mehr mitmachen wollte. Das Floß war aber durch dieses unvorhergesehene Manöver von der Schiffsseite abgestoßen worden, und ich paddelte nun mutterseelenalleine mit meinem Floß und Strauchbesen dem chilenischen Gestade entgegen. Ich trieb längsseit eines englischen Segelschiffes und wurde dortselbst mit großem Hallo und Glückwünschen für die sportliche Weiterfahrt bedacht. Hatte ich auch nötig, denn es dauerte auch nicht lange, bis ich in die Brandung geriet, die mich recht unsanft mit meinen Luken auf den Strand warf. Die Luken wurden später wieder an Bord gebracht. In Pisagua waren fast alle Einwohner geflüchtet, da häufig Gefechte in der Nähe stattfanden, nur ein Schiffshändler und die Bordelle waren geblieben. Einige Tage bummelte ich am Lande umher, und machte die Bekanntschaft eines anderen Matrosen, der sich auch schon längere Zeit am Lande umhertrieb. Als unser Geld ausgegangen war, ließen wir uns beide von einem englischen Boote an Bord der »Romulus« bringen. Bei Annäherung erkannte ich den Kapitän und seine Offiziere in der Nähe des Fallreeps. Beide wollten wir über dasselbe an Deck gehen, woran der fremde Matrose aber gehindert wurde. Die englischen Apprentices (Steuermannslehrlinge) brachten ihn unbemerkt vor den Bug, und er kletterte an der Ankerkette auf die Back. Auf Deck wurde ich recht unsanft vom Kapitän empfangen und tätlich angegriffen, setzte mich jedoch tüchtig zur Wehr. Mit einem Revolver bedroht, schlug ich dem Kapitän die Waffe aus der Hand, so daß dieselbe über Bord fiel. Unbeschädigt kam ich nach vorne, unter Deck, in das Mannschaftslogis. Die Leute beschlossen unverzüglich, den Revolverhelden um ihre Abmusterung zu ersuchen, und erklärten, es habe gar keine Veranlassung vorlegen, von der Schußwaffe Gebrauch zu machen. Nach gutem Zureden fingen die Matrosen im Laufe des nächsten Tages wieder an zu arbeiten. Auf meinen dringenden Wunsch wurde ich, obwohl kein Konsulat in Pisagua war, im Schiffshändlerladen von der Musterrolle entbunden. Da so viele große Segelschiffe auf der Reede lagen, hoffte ich, bald wieder an Bord gehen zu können. Nach einigen Tagen war das Geld alle, und eine holde Jungfrau führte mich zu einem ihr bekannten amerikanischen Kapitän, der mich auch sofort in Dienst stellte. Damals hatten deutsche Seeleute noch einen sehr guten Ruf und wurden gerne von englischen und amerikanischen Kapitänen angeheuert. An Bord der »Romulus« verdiente ich 50 RM und auf der amerikanischen Bark 75 RM.

Bark »James G. Pendleton« von Searsport, USA

Als ich über das Fallreep an Bord kam, hatte ich mich durch den Ersten Offizier einer Körpervisitation zu unterziehen, ebenso wurden meine Seemannseffekten durchsucht. Falls ich Schnaps oder Waffen im Besitz gehabt hätte, würden die Sachen konfisziert worden sein. Das Schiff hatte noch nicht angefangen zu laden und blieb noch fünf Wochen auf der Reede liegen. Es herrschte ein sehr strenges Regiment an Bord, woran ein jeder sich erst gewöhnen mußte. Wenn man vom Vorgesetzten gerufen wurde, hatte man mit »Yes, sir« zu antworten und nicht, wie so häufig auf unseren Schiffen, mit »Ja« oder »Watt«. Gemütlich gehen gibt es nicht, sondern sofort laufen, wenn man gerufen wird. Während der Arbeitszeit darf weder geraucht noch Unterhaltung gepflegt werden. Die Verpflegung war sehr gut. Schiffsjungen und Leichtmatrosen gibt es auf amerikanischen Schiffen nicht, trotzdem ist die Zahl der Besatzung nicht geringer als auf deutschen Schiffen. Während der langen Wartezeit auf der Reede hatten wir Gelegenheit, unser Menü durch Angeln von Fischen zu ergänzen. Bei Dunkelheit wurde hinter dem Heck eine Laterne dicht über die Wasserfläche gefiert und ein Segelgarnfaden an einer krummgebogenen Stecknadel befestigt, um als Angel zu dienen. Die Fische waren hier an der Küste so zahlreich, daß man, kaum die Angel im Wasser, dieselbe auch schon mit einem Fisch aufholen konnte. Man benötigte nicht einmal einen Köder an der Angel. Nachtsüber hatte der Wachtmann einige Eimer voll der kostbaren Fische geangelt und gereinigt, um morgens dieselben dem Koch abzuliefern. Da wir unmöglich so viel Fische auf einmal essen konnten, wurden die Fische für die bevorstehende Heimreise eingesalzen und geräuchert.

Von der chilenischen Behörde war es streng verboten, durch Sprengstoff (Dynamit) die Fische zu betäuben, zumal auch hierdurch viele getötet wurden. Dennoch wurde dieses Verbot häufig nicht befolgt. So beobachtete ich, wie der Kapitän eines in unserer Nähe ankernden englischen Schiffes im Boot an seiner brennenden Pfeife die Lunte des Sprengstoffes anzündete und dieselbe, anstatt rechtzeitig ins Wasser zu werfen, so lange in der Hand behielt, bis sie explodierte. Hierbei verlor er die linke Hand. Jetzt nahm er die Pfeife aus dem Mund und rief: »Damn it! I lost my left hand!« Der Verunglückte kniff noch selber mit seiner rechten Hand den Stumpen ab, um nicht zu verbluten. Er ließ sich sofort an Land pullen, wurde in einem Hotel untergebracht und von einem Arzt betreut.

Nachts übernahmen die Kapitäne der im Hafen (Reede) liegenden Schiffe die Pflege des schwer Verletzten abwechselnd. So kam auch die Reihe an einen norwegischen Kapitän, der seinen 8jährigen Sohn an Bord hatte. Der Junge hielt sich mit Vorliebe bei den Matrosen auf, von denen er auch sehr verhätschelt wurde. Damit er aber rechtzeitig zur Koje gehen sollte, hatte der Vater den Jungen in seiner Kammer eingeschlossen, ehe er das Schiff verließ. Das hätte aber den Jungen bald das Leben gekostet. Während der norwegische Kapitän bei seinem englischen Kollegen die Nachtwache hielt, brach auf seinem Schiff ein Feuer aus. Das Feuer unter dem Donkey (Hilfskessel zum Bedienen der Winden auf Segelschiffen) hatte noch ein wenig Glut, und sehr wahrscheinlich sind wohl einige Funken in den offenen Laderaum geflogen. Alle Leute waren im tiefen Schlaf, anscheinend hat auch der Wachtmann ein kleines Nickerchen gehalten. Jedenfalls bemerkte er das Feuer erst, als es schon die Takelage erreicht hatte. Wir fuhren mit unserem Boot nach dem brennenden Schiff, und brachten die Mannschaft, die betäubt in ihren Kojen lag, in Sicherheit. Auch von den anderen Schiffen waren Leute zu Hilfe geeilt. Es war gar nicht mehr möglich, sich auf dem brennenden Schiff aufzuhalten – alles war eine Glut. Als letzter verließ der Steuermann das Schiff. Bei dem großen Tumult hatte keiner an den Jungen des Kapitäns gedacht. Als man es entdeckte, war es bereits ein großes Wagnis, um nochmals durch die Glut in den Kajütsraum zu gelangen. Die verschlossene Tür mußte aufgebrochen werden, um den Jungen zu retten, wie durch ein Wunder war der Junge wohlauf.

Es war ein schaurig-schönes Schauspiel, wie die drei vollgetakelten Masten ein Flammenmeer bildeten und ein Mast und eine Rah nach der anderen zischend und krachend in das Meer stürzten. Das Schiff, das größte und beste im Hafen, war Eigentum des Kapitäns. Durch die große Freude, daß sein Sohn gerettet worden war, hat er den Verlust seines stolzen Schiffes nicht so sehr empfunden, zumal dasselbe versichert war.

Zur Zeit meines Dienstantrittes befand sich nur ein Steuermann an Bord, er war der Stiefsohn des Kapitäns, noch sehr jung, aber ein guter Seemann. Der zweite Steuermann war krank in dem letzten Hafen zurückgeblieben, und noch kein Ersatz an Bord. Die Besatzung bestand aus Skandinaviern, einem Russen und zwei Deutschen. Mein Landsmann war unter der Mannschaft, auch bei den Vorgesetzten, sehr unbeliebt. Mit meinen englischen

Sprachkenntnissen war es damals noch nicht weit her, und wenn ich manchmal ein Segelmanöver nicht verstand, beschimpfte mich mein Landsmann in englischer Sprache, statt mich aufzuklären. Sein unverschämtes, beleidigendes Benehmen mir gegenüber habe ich ihm aber sehr gründlich und handgreiflich abgewöhnt.

Der Wachtmann für die Nacht war ein alter, bei allen beliebter Schwede. Nachdem ich eines Abends mein Abendessen beendet hatte, bat mich der Wachtmann, ihn für eine kurze Spanne abzulösen, um sein Abendbrot essen zu können. Wenige Minuten später rief eine Kommandostimme: »Watchman!« Ich eilte achteraus und antwortete: »Yes, sir!« Es stand ein fremder Mann, den ich noch nicht kannte, vor mir. Der Mann fragte mich, wo der Watchman wäre. »Im Logis, um sein Abendbrot zu essen, und ich vertrete ihn solange«, erwiderte ich. Mir erteilte er den Auftrag, ihn sofort an Deck zu rufen. Der alte Matrose war noch nicht fertig mit dem Essen und verweilte noch einige Minuten. Als der Matrose gerade im Begriff war, aus dem Logis zu treten, erschien der Fremde vor der Tür, sagte, er sei der »Second Mate« (zweiter Steuermann), und schlug den alten Watchman mit wuchtigem Schlag nieder. Die ganze Mannschaft war sehr empört und verlangte, den Kapitän zu sprechen. Wir alle gingen nach mittschiffs und der Kapitän fragte uns ruhig, was wir begehrten. Alle erklärten einstimmig, wenn der Mann als Second Mate an Bord bleibe, würden wir das Schiff verlassen. Plötzlich wollte der Second Mate sich auf den Wortführer stürzen. Der Kapitän verhinderte weitere Ausschreitungen und wies den rabiaten Kerl ganz energisch in seine Schranken zurück, mit den Worten: »I am the man for you, I will knock you down. In my days of youth, I also was a bully but not like you, knocking down an old man.« Auf Deutsch: »Ich bin der Mann für dich, ich werde dich niederschlagen. In meinen jungen Jahren war ich auch ein wilder Mann, aber nicht wie du, einen alten Mann feige und unerwartet niederzuschlagen.« Der Second Mate hatte seinen Wohnraum aufzusuchen. Der Kapitän, ein sehr energischer 60jähriger Mann, beruhigte die Leute und versicherte, daß derartige Vorfälle sich nicht wiederholen würden.

Bald wußten wir auch, daß der Second Mate, Mr. Murphi, bereits mehrere Tage und Nächte, mit Wissen des Kapitäns, im Kettenkasten versteckt gehalten wurde, da er von seinem vorigen Schiff hatte flüchten müssen. Mr. Murphi war auf einem kanadischen Schiffe, einem »Novascotiaman«, bedienstet gewesen und hatte mit einem eisernen Coffeynagel einen Matrosen totgeschlagen. Der Vorfall, der im Hafen gänzlich unbekannt geblieben war, hatte sich kürzlich auf der Reede, an Bord eines »Novascotiaman« zugetragen. Diese Schiffe waren bei allen Seeleuten sehr berüchtigt wegen schlechter Behandlung und ungenügender Beköstigung. Die Schiffe fuhren unter englischer Nationalflagge.

Es trug sich folgendermaßen zu: Die Leute waren außenbords auf Stellingen mit Rostklopfen beschäftigt. Einer von den Leuten stieg an Deck, um sich etwas Kautabak aus dem Logis zu holen. Der vorhergenannte Second Mate beobachtete es und warnte den Mann, es nicht noch einmal zu tun. Im Verlauf einer Spanne Zeit versuchte der Mann nochmals, für kurze Zeit, die Arbeit zu unterbrechen, nachdem er sich überzeugt hatte, daß die Luft rein war. Der Second Mate hatte sich aber schon einige Zeit vorher unter der Nagelbank, für die Leute unsichtbar, versteckt. In demselben Moment, als der Mann den Kopf über die Reling steckte, schlug der Second Mate mit einem eisernen Coffeynagel den Matrosen auf den Kopf, der tot ins Wasser fiel und unterging.

Nachdem wir endlich unsere Ladung im Schiff verstaut hatten, traten wir unsere Reise nach Philadelphia (USA) an, während der Reise kamen keine weiteren Ausschreitungen vor.

Nun möchte ich noch etwas über den alten Segelschiffsbrauch, nach Beladung eines Schiffes im Salpeterhafen, berichten. Es war ein schöner, alter Brauch, daß mit dem letzten Sack Salpeter ein Mann mit der Nationalflagge bis unter die Ladegaffel gehievt wurde, zum Zeichen für die anderen Schiffe, daß das Schiff beladen war. Von allen Seglern, der Reihe nach, wurden dem beladenen Schiff drei Cheers (Hurras) zugerufen, und vor dem Rufen ertönte die Schiffsglocke. Wenn das Schiff am nächsten Tage die Reise antrat, kamen von anderen Schiffen alle abkömmlichen Leute an Bord, um beim Ankerhieven und Segelhissen zu helfen, wobei im Chorus die alten internationalen Shantys erklangen, wodurch die Arbeit leichter war. Zum Abschied gab es noch einen Schnaps, und die Nationalflagge wurde als letzter Gruß dreimal gedippt; alle im Hafen befindlichen Schiffe erwiderten den Flaggengruß.

Anfangs der Reise hatten wir gutes Wetter und günstigen Wind. Je südlicher wir kamen und je mehr wir uns der Breite von Kap Horn näherten, desto stürmischer wurde es. Das Schiff hatte viele Stürme bei gewaltiger See zu bestehen, und auch wir hatten wenig Ruhe. Oft mußte die Freiwache geweckt werden, um Segel zu reffen oder festzumachen.

Wochenlang hatten wir kein trockenes Zeug am Leibe, da es keine Gelegenheit gab, dasselbe zu trocknen. Nachdem Kap Horn endlich umsegelt war, wurde das Wetter besser, und das Schiff machte gute Fahrt. Im SO- und NO-Passat wurde das Schiff gestrichen, die Takelage überholt und die vom Sturm zerrissenen Segel ausgebessert. Eines Tages, ich stand gerade am Ruder, kam ein Segelschiff in Sicht. Der erste Steuermann rief dem Kapitän, der in der Kajüte war, zu, daß ein Segler zu sehen sei. Während meiner Reise auf dem Amerikaner habe ich häufiger festgestellt, daß sich die amerikanischen und englischen Seeleute gerne neckten. Die Amerikaner nennen die Engländer Limejuicers. Als der Kapitän an Deck kam und fragte, ob die gehißte Flagge zu erkennen sei, meinte der Steuermann, das Schiff sei ein Limejuicer, »siehst du nicht den Limejuice (Zitronensaft) aus den Speigaten laufen?«. Er sprach es in Englisch: »It's a limejuicer, don't you see the limejuice running out of its gutters?« Als das Schiff näherkam, sahen wir, daß es ein Yankee war. Der Steuermann hatte sich glänzend blamiert und wurde von der ganzen Besatzung ausgelacht. Auf englischen Schiffen wird während der langen Reise, um dem Skorbut vorzubeugen, täglich Zitronensaft verabfolgt, daher haben sie auch den Necknamen »Limejuicers«.

Nach 90tägiger Reise erreichten wir Delaware Breakwater, wo der Lotse von Philadelphia an Bord kam. Der Second Mate, Mr. Murphi, war, ohne daß jemand es bemerkte, mit dem Lotsenboot ausgerückt. Beim Abmustern in Philadelphia war er auch nicht zugegen. Die Mannschaft musterte ab.

In New York

Wir fuhren alle mit der Bahn nach New York, wo wir in dem bekannten Boardinghouse von Henry Smit, Market Street, einkehrten und eine andere Chance abwarteten. Die Wartezeit genossen wir in vollen Zügen. Die »Bowery«, eine der Hauptstraßen, weltberühmt durch ihre Vergnügungslokale, wurde eifrig besucht. Auf einem Bowery-Bummel lernte ich ein hübsches Mädchen kennen, und wir fanden bald Gefallen aneinander. Ich durfte mit ihr in ihr Heim gehen und verblieb dort in seliger Stimmung bis zum nächsten Morgen. Beim Abschied mußte ich ihr versprechen, am Abend wiederzukommen. Ihrem Wunsche entsprach ich gerne. Des Abends machte ich mich, mit den Gefühlen eines verliebten Jünglings, wieder auf den Weg zu meiner Holden. Beim Betreten der Wohnung wurde mir aber die unglaubliche Mitteilung gemacht, daß ich inzwischen Vater geworden wäre, und das innerhalb von 24 Stunden. Ich habe natürlich sofort meine Konsequenzen daraus gezogen, und bin getürmt. Jedenfalls war mein Bedarf an Jungfrauen restlos gedeckt, und ich habe in dieser Nacht ruhig und ohne Gefahr, nochmals Vater zu werden, alleine geschlafen. Nach der langen Reise war es, auch ohne Zweisamkeit, ein Hochgenuß, wieder mal in einem guten, sauberen Bette zu schlafen, und nicht, wie an Bord, in einer engen Koje zu pennen.

Von meinen Eltern erhielt ich einen Brief mit der Aufforderung, nach Deutschland zurückzukommen, um die Navigationsschule zu besuchen, und sie überwiesen mir die Reisekosten. Doch wollte ich noch weiterhin auf amerikanischen Schiffen fahren, um die Navigationsschule in New York besuchen zu können. Aus diesem Grunde musterten einige meiner früheren Kameraden und ich auf der Brigantine »Daylight« an. Die Heuer betrug 25 Dollar, also doppelt so viel wie auf einem deutschen Schiff. Unterkunft und Verpflegung waren sehr gut. Früher war ich einmal als Leichtmatrose auf einem deutschen gleichgroßen und ebenso getakelten Schiffe, mit einem Matrosen, zwei Leichtmatrosen und einem Jungen, der auch kochen mußte. Mit vier Mann verdienten wir zusammen 110 RM, wohingegen wir vier Matrosen auf dem Amerikaner 100 Dollar, gleich 420 RM, bekamen. Außerdem war noch ein guter Koch an Bord.

Die »Daylight« segelte beständig auf Westindien und lud Sirup und Zucker für New York. Die Reisen von New York nach Barbados (13 N, 59 W) schafften wir bei gutem und günstigem Wetter in 14 Tagen. Der Sirup wurde in großen Fässern geladen. Leere Fässer wurden im Laderaum durch Berufsstauer gut festgestaut. Durch ein großes Sieb, welches auf die große Luke gelegt wurde, wurden volle Fässer entleert und durch einen Schlauch, der unterhalb des Siebes angebracht war, in die leeren Fässer geleitet. Es waren angenehme Reisen. Der Kapitän und Steuermann waren gute Vorgesetzte, deshalb musterten wir auch Ende der Reise nicht ab. Nach Beendigung der Reise ging die Mannschaft an Land und verblieb daselbst, bis das Schiff wieder seeklar war für die nächste Ausreise. Das Leben auf amerikanischen Schiffen sagte mir sehr zu, und deswegen hatte ich auch die Absicht, in Amerika zu bleiben und die Schule zu besuchen.

Nachdem ich noch mehrere Westindienreisen gemacht hatte, bekam ich wieder einen Brief von meinen Eltern, mit der Aufforderung, unverzüglich nach Deutschland zurückzukommen, andernfalls wollten sie nichts mehr von mir wissen und mich enterben. Auch dieses Mal sandten mir meine Eltern das Reisegeld mit dem Ultimatum, es sei das letzte Mal. Daraufhin löste ich das Überfahrtsbillet und ging an Bord eines Norddeutschen Lloyddampfers.

Kurz vor der Abfahrt entschloß ich mich, wieder an Land zu gehen. Als ich im Boardinghouse ankam, wurde ich von meinen alten Schiffskameraden mit großem Hallo und Freude empfangen. Die gelöste Fahrkarte wurde mit Verlust wieder eingelöst, und nach einigen Tagen ging ich mit meinen Kameraden wieder an Bord der »Daylight«. Während der Reise überredete mich der Kapitän, nach beendigter Reise nach Deutschland zu fahren und dann wieder zurückzukommen. Als wir unsere Westindienreise beendet hatten, brachten mich meine Kameraden an Bord eines Lloyddampfers, und ich fuhr als Passagier nach Bremerhaven. Der Abschied war mir sehr schwergefallen, und ich habe es noch oft bereut, nicht in Amerika geblieben zu sein.

Wieder in Deutschland 1892

Auf Ersuchen meiner Eltern empfing mich bei meiner Ankunft in Bremerhaven der bei allen Seeleuten bekannte Heuer- und Schlafbaas Möhlenbrok. Sein Haus in der Grabenstraße hatte einen guten Ruf. Nachdem Herr Möhlenbrok mich wieder gut eingekleidet und ich bei ihm angenehme Tage verlebt hatte, fuhr ich nach Elsfleth, um endlich die Navigationsschule zu besuchen. Auf Wunsch der Eltern wohnte ich, zusammen mit meinem Bruder, bei dem Navigationslehrer Th. Köster. Der Steuermannskursus begann erst nach mehreren Wochen, am 1. Januar 1892, und dauerte 7 Monate.

Die erste Zeit gefiel es mir gar nicht in Elsfleth, und fuhr deshalb häufig nach Bremerhaven. Bald stellte ich aber fest, daß es dort doch recht nett war. Elsfleth an der Weser war ein kleines Städtchen von 2000 Einwohnern. Die Umgebung war sehr schön. Fast alle Schüler hatten ein nettes Mädchen, mit dem schöne Spaziergänge gemacht wurden. Sonntags hatte man Gelegenheit, das Tanzbein zu schwingen. Viele meiner Mitschüler haben, nach bestandener Kapitänsprüfung, ihre Mädchen geheiratet, daher wohnten auch so viele Kapitäne und Steuerleute in Elsfleth. Auch die Schiffsreeder fehlten nicht.

Wie die meisten meiner Mitschüler hatte auch ich mir eine kleine Freundin zugelegt. Der Vater des jungen Mädchens fuhr zur See, als Kapitän eines großen Segelschiffes, und lag mit seinem Schiffe in einem englischen Hafen. Die Mutter reiste für einige Wochen dorthin. Meine kleine Freundin bat mich, da sie sich fürchte, während der Nacht alleine in der Wohnung zu sein, in ihrer Wohnung zu schlafen. Nichts wäre mir lieber gewesen. Im Hause nebenan, nur durch eine einfache Steinwand getrennt, wohnte ihre verwitwete Tante, es war daher sehr hellhörig. Nach einigen seligen Stunden wurde ich geweckt. Die Kleine hatte Geräusche in der nebenanliegenden Wohnung gehört, und nahm an, daß die Tante kommen werde. Was nun? Aus der Haustür konnte ich nicht mehr heraus, da mir dann doch die Tante entgegengekommen wäre. Zeit zum Anziehen hatte ich auch nicht. Obwohl ich mir selbstverständlich nichts Unerlaubtes hatte zuschulden kommen lassen und auch keinen Verdacht aufkommen lassen wollte, mußte ich versuchen, unbemerkt aus dem Hause zu kommen. Es gab aber keinen anderen Weg, als aus dem nach dem Garten gelegenen Fenster, Hochparterre, zu springen. Ich sprang heraus, daß aber unter dem Fenster ein Mistbeet war, wußte ich nicht. Also sauste ich mit meinen nackten Beinen in den Glaskasten und es verletzten mich die Scherben beträchtlich. Unten angelangt, reichte mir die kleine Unschuld unbekleidet meine Kleidungsstücke aus dem Fenster. Meine Residenz war nur wenige Minuten entfernt und die Straßen waren zu der Zeit menschenleer, so daß normalerweise mein unbekleideter Rückzug nicht hätte bemerkt werden können. Alles ging auch gut, nur kurz vor meiner Behausung erwischte mich des Nachtwächters Hund. Mit dem Köter bin ich gut fertig geworden, auch der Nachtwächter hatte übrigens großen Respekt vor den Navigationsschülern. Vor kurzem war er nachts von einem Trupp Schülern auf einer Gartenbank festgebunden und erst am nächsten Tage von einem unserer Lehrer von seinen Fesseln erlöst worden.

Ich wohnte zusammen mit meinem Bruder und 6 weiteren Schülern bei dem Oberlehrer der Schule. Mein Zimmer mußte ich mit einem anderen Schüler teilen und befand sich im ersten Stock. Als ich die Haustür geöffnet hatte, sah ich den alten Herrn oben auf der Treppe mit einer Lampe stehen, und er fragte, wer da unten wäre. Da ich nur notdürftig bekleidet war, fragte er, wo ich herkomme. Aus dem Garten erwiderte ich, dort befand sich nämlich die Toilette, ich sei eingeschlafen, und im Traume meinend, zu Hause zu sein, habe ich mich ausgezogen. Aber meine Notlüge hatte nicht viel Erfolg, denn jetzt wurde er gewahr, daß ich stark an Händen und Beinen blutete. Meine 7 Kameraden wurden geweckt, und versahen sich mit Verbandstoff und den nötigen Instrumenten, um die Glassplitter zu entfernen. Nach bestandener Operation wurde noch eine Flasche Cognac geleert und bis zum frühen Morgen geschlafen. Am nächsten Tage, nach Schulschluss, suchte ich meine Freundin auf. Es tat ihr natürlich sehr leid, daß ich so viel Schmerzen zu ertragen hätte. Und das wäre alles doch nicht nötig gewesen, da die Tante gar nicht gekommen sei, und daß sie auch nichts von meinem Heldensprung in die Glasscherben gehört habe. Nur am nächsten Tage hat sich die liebe Tante den Kopf darüber zerbrochen, wie der Glaskasten zerbrochen wurde.

Als Einjähriger bei der kaiserlichen Kriegsmarine

Nach bestandener Seesteuermannsprüfung diente ich als Einjähriger bei der II. Matrosendivision in Wilhelmshaven vom 1.10.92 bis 1.10.93. Mit meiner geliebten Freiheit war es jetzt gänzlich vorbei, und ich mußte auch Bekanntschaft mit »Vater Philipp« machen. In den ersten sechs Wochen blieben wir Rekruten in der Kaserne und wurden im Infanteriedienst ausgebildet. Es herrschte eine straffe Disziplin, z. B. wenn beim Marschieren oder Gewehrexerzieren der geringste Fehler gemacht wurde, mußte man während der Mittagspause nachexerzieren. Es kam häufig montags vor, wenn wir uns reines Arbeitszeug angezogen hatten, daß der Unteroffizier das Kommando gab: »Auf! Nieder!

Hinlegen!« Dann war nicht nur unsere saubere Kleidung schmutzig, sondern auch der Gewehrlauf voll Sand, da der Mündungsdeckel vorher befehlsgemäß entfernt worden war.

Während einer Instruktionsstunde wurden von einem noch sehr jungen Offizier die Kriegsartikel vorgelesen. Vereidigt waren wir noch nicht. Auf verhältnismäßig kleine Vergehen stand die Todesstrafe. Das mir dieses beim Vorlesen lächerlich vorkam, verzog ich eine lachende Miene. Der Instruktionsoffizier, der es sofort bemerkte, fauchte mich wild an, und jagte mich auf den Korridor hinaus. Lange hielt ich mich dort nicht auf. Ich zog es vor, im untersten Stockwerk die Kantine aufzusuchen, um mir ein Glas Bier von dem schönen Töchterchen des Kantinenwirtes einschenken zu lassen. Als die Instruktionsstunde beendet war, ließ mich der Offizier suchen, und man hatte mich auch bald entdeckt. Zur Strafe mußte ich eine Woche lang jeden Abend dreimal bei dem Offizier, der in einer benachbarten Kaserne seine Dienstwohnung hatte, jedesmal in einer anderen Uniformgarnitur, zur Musterung antreten. Wenn ich so vor dem jungen Offizier stand, kribbelte es mir vor so viel Borniertheit in den Fingern. Das, und so vieles, ist doch bestimmt keine militärische Ausbildung und kann auch keine Vaterlandsgefühle erwecken. In der ersten Woche der Rekrutenzeit wurden wir in einer Instruktionsstunde durch den Stubenältesten, Unteroffizier Bußmann, mit den Militärchargen bekannt gemacht. Mein Freund, der junge Rekrutenoffizier, war dabei zugegen. Unteroffizier B.: »Jesorka, welches ist der Höchstkommandierende der Armee?« Jesorka, Haltung annehmend, antwortete prompt: »Unteroffizier Bußmann!« Daraufhin fragte B.: »Welches ist der Nächsthöchstkommandierende?« – »Obermatrose Böhme«, antwortete Jesorka. Obermatrose Böhme war stellvertretender Stubenältester. Selbstverständlich fühlte sich unser Unteroffizier durch diese Antwort sehr geehrt. Unser Jesorka war als sogenannter »Unsicherer« eingezogen, als er noch in Düsseldorf auf einem Sturmschiffkarussell arbeitete. Während einer Instruktionsstunde kam der Offizier, um von den einzelnen Stubenkameraden ihre Fahrzeiten auf Handelsschiffen zu erfragen. Unsere Stube 128 war mit 1 Unteroffizier, 1 Obermatrosen und 12 Matrosen belegt. Von letzteren waren wir 10 Einjährige (Berufsseeleute). Nachdem der Offizier uns 10 Einjährige befragt, stellte er dieselbe Frage an Jesorka. »Wo haben sie gefahren?« Er antwortete mit: »Auf Sturmschiffahrt, Herr Leutnant«. Da der Offizier nicht wußte, was das für eine Fahrt sei, erklärte Jesorka es näher, daß er in Düsseldorf auf einem Schiffskarussell gefahren habe.

Nach meiner Rekrutenzeit wurde ich auf das Schlachtschiff »König Wilhelm« kommandiert. Es war das Flaggschiff der II. Matrosendivision, und mit Geschützen der größten Kaliber bestückt. In der ersten Zeit wurden wir an den Geschützen ausgebildet und später zum Navigationspersonal kommandiert. Wir mußten aus einem Instruktionsbuche auswendig lernen, was jeder Mann am Geschütze zu tun hatte. Das Wort-für-Wort-Lernen machte uns keine Freude. Ein jeder unseres Geschützpersonals konnte auf Befragen des Unteroffiziers sehr wohl erklären, was jeder zu tun hatte, aber nicht nach dem Wortlaut des Instruktionsbuches. Unter uns hatten wir einen sehr guten Kameraden, er war ein sehr ruhiger Mann und stammte aus Ostfriesland. Er hatte mehrere Jahre auf amerikanischen

Segelschiffen gefahren und kürzlich die Steuermannsprüfung bestanden. Der Unteroffizier beschimpfte und beleidigte diesen Mann, indem er ihn einen »dämlichen ostfriesischen Steuermann« nannte, jetzt gab er auf alle Fragen keine Antwort mehr. Es war ihm seine große Erregung und eiserne Zurückhaltung, dem Unteroffizier nicht an die Gurgel zu fahren, anzusehen. Der Beleidigte war ein außergewöhnlich starker Mann. Vorher hatten wir alle geglaubt, daß er überhaupt nicht aus der Ruhe zu bringen wäre, aber wir hatten uns getäuscht. Auf das Kommando »Wegtreten« verschwanden alle, wie immer, schleunigst. Der Unteroffizier war immer der letzte, und dieses Mal auch der Ostfriese. Plötzlich hob unser Kamerad den Unteroffizier in den Hüften hoch und warf ihn mit großer Wucht unter das Geschützrohr. Wohlweislich wurde keine Meldung gemacht.

Wenn ein Mann bei einem Unteroffizier nicht beliebt war, wurde demselben häufig eine unangenehme Arbeit aufgetragen. Mir wurde eines Tages der Befehl erteilt, die Spucknäpfe der Batterie am Lande unter der Pumpe zu reinigen. Als ich fest darauf lospumpte, kamen 2 Stabsoffiziere auf mich zu, um zu fragen, was ich da mache. »Spucknäpfe reinigen«, antwortete ich. »Das ist keine Arbeit für einen Einjährigen«, wurde mir von den Stabsoffizieren gesagt. Man erteilte mir den Befehl, meinen Auftraggeber sofort zu holen, der in meinem Beisein strenge gemaßregelt wurde. Einjährige sollten der kurzen Dienstzeit wegen mit derartigen Arbeiten nicht beschäftigt werden. »SMS König Wilhelm« lag auf der Reede von Apenrade vor Anker. Bei dieser Gelegenheit fand ein Tanzfest am Lande statt. Ein Teil der Mannschaft erhielt für einige Stunden Urlaub.

Ehe die Leute mit den Booten abfahren durften, mußten dieselben zuvor antreten zur Musterung. Wir warteten schon eine Weile auf das Kommando, und es vertrieben sich einige von uns die Zeit mit Fangspielen. Hierbei hatte ich das Unglück, über einen niedrigen Bunkerdeckel zu fallen und meinen linken Unterschenkel zu brechen. Man brachte mich in das an Bord befindliche Revierlazarett. Der anwesende Lazarettgehilfe behandelte den Fuß mit Jodtinktur und glaubte an eine Verstauchung. Man ließ mich im Bett liegen und kümmerte sich nicht weiter um mich und hielt mich für einen Drückeberger, so auch der Assistenzarzt. Nach Verlauf einer Woche, während einer Besichtigung durch den Kommandanten mit seinem Stabe, stellte der Oberstabsarzt einen Schenkelbruch fest. Nach dieser reichlich späten Diagnose wurde mein Bein für mehrere Wochen in Gips gelegt. Nachdem ich einigermaßen wiederhergestellt war, jedoch den Wachdienst noch nicht wieder versehen konnte, beschäftigte man mich als Hilfsschreiber im Zahlmeisterbüro an Bord.

An einem Abend saß ich mit einigen Kameraden in der Batterie beim Skat-Spiel. Der Steuermannsmaat der Wache hatte auf Befragen des wachhabenden Offiziers, warum ich nicht auf Wache wäre, erklärt, ich drücke mich vom Dienst. Vor meinem Unfall hatte ich Brückenwache mit dem Maaten, derselbe mußte jetzt meinen Dienst versehen, und das paßte ihm nicht, daher die Äußerung dem Offizier gegenüber, ohne zu bemerken, daß ich dienstunfähig war. Der Maat erhielt darauf den Befehl, mich sofort auf die Brücke zu rufen. Derselbe trat zu mir und forderte mich auf, den Dienst auf der Brücke sofort wiederanzutreten. Mit dem Bemerken, daß der Arzt mir leichten Dienst verschrieben habe, was er auch bereits wußte, verweigerte ich, dem Befehl nachzukommen. Trotzdem bestand er darauf, ihm auf die Brücke zu folgen, worauf ich erwiderte: »Sie können mir den Buckel herunterrutschen.« Der Maat überbrachte meine Worte dem wachhabenden Offizier. Darauf erhielt der Maat nochmals den Befehl, mich zu holen, mit den Worten: »Auf Befehl des wachhabenden Offiziers«. Meine Weigerung blieb dieselbe: »Sie können mir beide den Buckel herunterrutschen.« Meine Kameraden machten mich auf die Folgen, die aus meiner Verweigerung entstehen würden, aufmerksam und halfen mir beim Gehen. So kam ich doch noch befehlsgemäß auf die Brücke. Die Aufforderung des jungen Offiziers, militärische Haltung anzunehmen, blieb meinerseits erfolglos. Zur Rede gestellt, wurde ich aufgefordert, die Worte zu wiederholen, die ich bei der Dienstverweigerung unmilitärisch geäußert hatte. Als ich dann auch sagte: »Der Herr Leutnant kann mir auch den Buckel herunterrutschen«, drehte der Leutnant sich herum und lachte. Mit sehr ernster Miene befahl er mir, am nächsten Tage zum Rapport zu erscheinen. Auf Befragung des Assistenzarztes erklärte derselbe dem Leutnant, daß ich leichten Dienst habe.

An Bord »SMS König Wilhelm« standen täglich viele Leute zum Rapport. Der Erste Offizier schritt dann die Front der Übeltäter ab, und diktierte dem Wachtmeister die verhängten Strafen. Da ich nicht ungestützt stehen konnte, lehnte ich mich an einen Ventilator. Das Gewitter, das mich bedrohte, kam näher. Plötzlich, unerwartet, tauchte mein Ankläger hinter mir auf und sagte: »Scheren sie sich in die Division!« Hocherfreut, jedoch mit großer Mühe, schleppte ich mich dorthin. Hier sollte ich wieder

Haltung annehmen, aber wieder ohne Erfolg. Mein Ankläger verurteilte mich zu 8 Tagen Strafexerzieren. Darauf erklärte ich, die Strafe nicht antreten zu können, da ich nicht gehen dürfe und könne. Na! Dann eine Woche lang mit ausgepackter Kleiderkiste, während der Mittagszeit, in der Batterie antreten. Meine Kameraden brachten die Kiste zu der befohlenen Stelle und auch wieder zurück. Am dritten Tage wurde ich begnadigt. Ja! Es gab doch noch Offiziere mit gutem Humor. Die Unteroffiziere gingen jedoch oft über ihre Machtbefugnisse hinaus. Die ganze Soldatenzeit faßte ich persönlich für eine unnötige Zeitvergeudung auf, da während dieser Zeit dem Menschen jede freie Willensäußerung genommen wurde.

Eines Tages wurde Zeugflicken kommandiert. Alle Mannschaften schleppten ihre Kleiderkisten heran, um schadhafte Uniform und Wäschestücke, unter Aufsicht eines Unteroffiziers, auszubessern. Da meine Garnituren in gutem Zustande waren, setzte ich mich auf meine Kiste, um ein Buch zu lesen und zu rauchen, was erlaubt war. Bald trat der Aufsichtsführende an mich heran und sagte: »Sie, Einjähriger, wollen sie ihre Plünnen nicht ausbessern?« Darauf erwiderte ich: »Plünnen sind es nicht, sondern saubere Kleidungsstücke der kaiserlichen Marine.« In verächtlichem Tone meinte er daraufhin, ich solle mir nur nichts einbilden ihm gegenüber. Er sei ein Offizier und ein guter Kamerad des Kommandanten Kapitän zur See von Prittwitz-Gaffron, und ich sei ein gewöhnlicher Kuli. Daraufhin wurde er von uns Einjährigen gründlich ausgelacht und von mir aufgeklärt: »Sie sind kein Offizier, sondern ein Offizier mit einem Unter- davor, und wenn sie als solcher ein Kamerad des Kommandanten sind, bin ich es auch, als

Matrose und in meinem späteren Zivilberufe Schiffsoffizier der Handelsmarine. Aber letzten Endes haben alle Leiden mal ein Ende und somit auch meine Militärzeit.

Als Zweiter Steuermann auf dem Vollschiff **»Ruthin«**

Nach meiner einjährigen Dienstzeit beim Militär wurde ich am 1. Oktober 1893 in das bürgerliche Leben entlassen. Orden, Ehrenzeichen und Beförderung wurden mir nicht zugestanden. In Elsfleth an der Weser erhielt ich meine erste Steuermannsstelle. Das Schiff war in Elsfleth beheimatet. Es war das Vollschiff »Ruthin«, geführt von Kapitän Th. Hamer, und hatte seine Ladung in Liverpool gelöscht. Als Passagier fuhr ich mit einem englischen Passagierdampfer von Bremen nach Goole, und dann mit der Bahn nach Liverpool. Was für ein Hundeleben mir auf diesem Schiffe bevorstand, hätte ich mir nicht träumen lassen! Als ich an einem Sonntage an Land gehen wollte, verweigerte mir der Kapitän die Erlaubnis, obwohl ein Teil der Besatzung an Land gehen durfte. Es lag gar keine Veranlassung dazu vor, zumal der Erste Steuermann an Bord blieb. Nach einigen Tagen segelten wir nach Cardiff, im Bristol-Kanal, um Kohlen und Koks für Santos, Brasiliens Ostküste, zu laden. Auch in Cardiff wurde mir vom Kapitän der Feierabendurlaub nicht gestattet. Damals habe ich mich über mich selbst gewundert, und mich gefragt, wie lange ich mir wohl noch eine derartige Behandlung gefallen lassen würde. Auf die Frage, weshalb er mir die Freiheit beschneide, bekam ich folgende unverschämte Antwort:

»Son tweeden Stiirmann mutt erst mol ordentlich dörch den Mostert«. Nach Beladung des Schiffes traten wir unsere Reise nach Santos an. Mir wurde die Verwaltung des Proviantes übertragen, dies ist auf deutschen Segelschiffen so usuell. Der jüngste Steuermann hat daher bei den Leuten den Beinamen »Specksnieder«. Während der Freiwache hatte ich Proviant an den Koch auszugeben. Außer Proviant mußte ich auch Tabak an die Mannschaft herausgeben, natürlich nur gegen Quittung. Der Kapitän handelte, auch das war usuell auf deutschen Schiffen, nämlich mit Tabak und allen möglichen alten und neuen Kleidungsstücken, und das für teueres Geld. Damals war es auf deutschen Schiffen gesetzlich erlaubt, bevor ein Hafen erreicht wurde, mußten Leute, die verdächtigt waren zu desertieren, ihre ganze Ausrüstung in einen Sack packen und dem Kapitän zum Aufbewahren übergeben. Wenn dann der eine oder andere doch ausrückte, wurden die hinterlassenen Ausrüstungsstücke den neuen Leuten, die nicht genügend Kleidung, Schuhe oder Stiefel besaßen, zu außerordentlich hohen Preisen angedreht.

So ist es auch vorgekommen, daß z. B. Seestiefel – dasselbe Paar – mehrere Male verkauft wurden. Es ist auf einem anderen deutschen Segelschiff sogar vorgekommen, daß Butterbrote mit Aufschnitt, nach Auswahl, verkauft wurden. Die Leute mußten dann für die Butterbrote einen bestimmten Geldbetrag unterzeichnen, der später bei der Abrechnung vom Guthaben abgezogen wurde. Der Hamburger Wasserschout hat auf Beschwerde der Mannschaft hin diesem Handel ein Ende gemacht, nachdem es jahrelang betrieben worden war.

Wenn jemand von unserer Mannschaft Tabak haben

wollte, konnte derselbe ihn nur während meiner Freizeit bekommen, jedesmal kam der Leuteschinder in meine Kammer und sagte: »Stohn se mol op und geben se Corl ½ Pfund Tobak.« Wenn ich dann den Rat gab, gleich mehr Tabak aus dem Lagerraum zu holen, bekam ich zur Antwort: »Neh, dann hebben se joh nix to dohn op ehr Freiwach.« Die Leute machten sich schon lustig über mich. Es war nämlich nicht so einfach, den Tabak auszugeben, da über den Tabakskisten viele schwere Proviantkisten und Säcke verstaut waren. Jedesmal waren dieselben zuerst wegzuräumen, und nachdem eine geringe Quantität Tabak entnommen, mußte alles wieder, auf Befehl des Schinders, auf seinen alten Platz zurück. Meistens war dann auch meine Freiwache zu Ende. An den astronomischen Beobachtungen durfte ich nicht teilnehmen, außer sonntags, da ich jede Arbeit, wie ein Matrose, verrichten mußte. Durch die Beobachtungen wäre ja zuviel meiner Arbeitszeit verlorengegangen. Es ist Pflicht des Schiffsführers, daß der wachhabende Steuermann den erreichten Schiffsort feststellt und in das Schiffstagebuch einträgt. Es ging kein Tag vorüber, an dem der Kapitän mich nicht beleidigt und irgendeine neue Schikane ausgeheckt hätte. Zum Beispiel: »Se Lurbas, wie kommen se bi dat Stürmannspatent?«

Im Proviantkeller war auch ein kleines Schnapsfaß, worüber der Kapitän selbst wachte. An einem Morgen, während der Reise, behauptete er, ich hätte für mich Schnaps abgezapft. Da ich gar keinen Schnaps trank, hatte ich keine Veranlassung dazu und verbat mir ganz energisch derartige Unterstellungen. Er behauptete, er habe es mit einem Peilstock festgestellt, und ich sei doch der Specksnieder. Von der Reederei war Bier, auch für die Steuerleute, an

Bord gekommen. Eines Tages hörte ich, wie er zu dem ersten Steuermann sagte: »Datt is verdammt warm hüt, kommen se mit nen Buddel Beer drinken!« Es war in der Nähe des Äquators. Der Erste Steuermann, Herr Brader, folgte dem Kapitän in die Kajüte. Nachdem der Kapitän zwei Gläser eingeschenkt hatte und der Erste Steuermann ein Glas ergreifen wollte, entzog es der Kapitän ihm eiligst mit dem Bemerken »Se hebt keen Glas Bier verdehnt« und trank die beiden Gläser Bier selber aus.

In der Proviantkammer ruhte in einem Gestell ein Sirupfaß. Der Raum war besonders sauber gehalten. Bei der Seefahrt weiß ein jeder, daß Sirup, bei besonders hoher Temperatur, etwas durch die Dauben schwitzt. Die wenigen Tropfen wurden stets vom Koch oder mir entfernt. Der Kapitän hatte auch eines Morgens auf dem Deck der Proviantkammer ein paar Tropfen Sirup festgestellt. In gewohnter, unverschämter Weise schrie er mich an und sagte: »Se und de Kock, in eenen Pott und dann Labskaus davon stampen, givt nen Swien!« Wieder beherrschte ich mich, wußte aber, daß ich dieser unwürdigen Behandlung bald mit Gewalt ein Ende machen mußte, komme, was da wolle. In Santos angekommen, trafen schwarze Hafenerbeiter an Bord ein, um die Ladung Kohlen und Koks an der Wilson-Werft zu löschen. Die Werft war ca. sieben Meilen von der Stadt entfernt. Santos war zu der damaligen Zeit ein berüchtigter Gelbfieberplatz, und sind häufig ganze Schiffsbesatzungen dem Fieber erlegen gewesen. Wenige Meilen entfernt nahm die Landschaft einen gebirgigen Charakter an, und in diesem Hochgebirge liegt die Stadt St. Paul. Dorthin werden von den deutschen Schiffen, wie z. B. von der Hamburg-Südamerikanischen Dampfschiffahrts-Gesellschaft, die Mannschaften während des Aufenthaltes im Hafen geschickt. St. Paul war fieberfrei. Die Zollbehörde schickte einen Zolloffizier an Bord.

Bei dem Leiter der Wilson-Werft wer Tanzabend. Zu dieser Festlichkeit erhielt ich eine Einladung. Leider konnte ich, da der Kapitän mit der übrigen Mannschaft in St. Paul war und der Erste Steuermann krank in seiner Koje lag, die Einladung nicht annehmen. Obwohl der Zolloffizier das Schiff nicht verlassen durfte, ging er doch zu dem Vergnügen. In später Nacht kam der Beamte mit großem Lärm in meine Kammer, weckte mich recht unsanft und verlangte von mir, aufzustehen und ihm die Lampe in seiner Kammer anzuzünden. Die Kammer ging von dem Salon ab. »Öffnen sie mein Pult und sie werden dort Streichhölzer finden«, sagte ich. Der angetrunkene Zollbeamte bestand darauf, daß ich aufstehen und ihm die Lampe anzünden solle. Auf meine Weigerung wurde er tätlich. Daraufhin erhob ich mich sofort und transportierte ihn, nicht sehr sanft, in seine Kammer, die ich hinter ihm abschloß und erst am nächsten Tage wieder öffnete. Der Zöllner forderte Schreibpapier von mir, das ich ihm jedoch nicht gab. Daraufhin beschaffte er sich von der Werft Papier, um einen Bericht an die Zollbehörde zu schreiben. Vormittags kam ein Zollfahrzeug Längsseite, um den Beamten zur Berichterstattung nach Santos zu bringen. An mich kam der Befehl, sofort mit dem Schiff nach Santos zu kommen. Dieser Befehl war unmöglich auszuführen, da außer mir gar keine Mannschaft an Bord war, war es auch ohne Schlepperhilfe undurchführbar. Die Löscharbeiten wurden stillgelegt, die Laderäume versiegelt und ich zum Guardo Moore (höchster Zollbeamter) beordert. Unser Schiffshändler fungierte als Dolmetscher. Der Kapitän war inzwischen auch eingetroffen, räsonierte über meine Handlungsweise und verlangte von mir Schadenersatz für die verlorene Löschzeit. Nachdem der Dolmetscher meine Ausführungen dargelegt, entschied der Guardo Moore ganz anders, wie der Zöllner es erwartet hatte. Derselbe wurde degradiert, und das Schiff konnte das Löschen der Ladung fortsetzen.

Der Kapitän hatte häufig geschäftlich in Santos beim Konsul, Makler und Schiffshändler zu tun. Mit einem Rettungsboot mußten drei Matrosen, und ich am Schlagriemen, den Kapitän nach Santos rudern. Selbstverständlich hatte er beim Rudern immer etwas auszusetzen. Während der sieben Meilen langen Fahrt, bei sehr großer Hitze, wurde keine Pause gemacht.

Nach einigen Wochen war die Ladung gelöscht, Ballast für die kommende Reise eingenommen und das Schiff seeklar. Am letzten Tage fuhren wir noch einmal mit dem Schiffsboot den Kapitän an Land, um das Schiff auszuklarieren, einigen Proviant einzukaufen und den Lotsen abzuholen. Der Kapitän forderte mich auf, mit zu dem Schiffshändler zu gehen. Dort bot er mir einen Schnaps an, den er mir nach seiner alten, faulen Methode wieder entzog. Dann gab er mir 10 Schillinge und sagte: »Hier hebben se tein shilling, nu gohn se mit den Shiphandler sin Knecht un kopen se för dat Geld twölf Lampengläser, dat andere Geld bringen se wedder terüg.« Die Lampengläser kosten aber nicht, wie in Deutschland damals, 8–12 Pennies, sondern 1 Schilling für das Stück. Mit 10 Lampengläsern kam ich zurück. Als ich dem Kapitän nichts darüber sagte, forderte er von mir Geld zurück, worauf ich ihm erklärte, daß hier in Santos 10 Lampengläser 10 Schillinge kosten. Darauf erwiderte er in seiner gewohnten brutalen Weise: »Dat is nich wohr, sei hebben dat Geld bi de deerns utgeben. Nun brengen sei de Gläs in de Boot und stauen sei se gohd fast. Schicken sei de lüht her und sei kommen denn wedder mit terüg. Een Mann blift in de Boot.« Die Lampengläser, die in Strohhülsen verpackt waren, bringe ich zum Boot und schicke 2 Mann zum Schiffshändler. Der vierte Mann saß hinten im Boot, und ich übergab ihm die Lampengläser, die er auf die achterste Ducht (Ruderbank) legte. Dann drehte er sich herum, um den Kastendeckel, hinten am Spiegel des Bootes, hochzunehmen, hierbei setzte er sich auf die hinter ihm befindliche Ducht, auf die er die Lampengläser gelegt hatte. Da ich Gefahr für die Glaser witterte, rief ich ihm noch zu: »Setzen sie sich nicht!« Aber es war bereits zu spät, das Unglück war geschehen. Die Lampenzylinder waren alle zerbrochen, nur eins war noch zur Hälfte vorhanden. Die Gläser waren für die Lampe des Matrosenlogis bestimmt. Wir ruderten mit dem Kapitän und Lotsen nach unserem Schiff zurück, um am selbigen Abend die Reise nach Iquique, Westküste Südamerikas, anzutreten. Vorher wurde Abendbrot gegessen. Der Kapitän und Lotse saßen uns Steuerleuten gegenüber. Als wir beim schönsten Essen waren, kam der Schiffsjunge im Auftrage der Matrosen und rief: »Stürmann, kann ik en Lampenglas för de Logislamp kriegen?« – »Nein!« rief ich zurück. Worauf mir aber der Kapitän den Befehl gab: »Sofort geben sei den Jung en Glas!« – »Nein!« sagte ich, »die Gläser sind alle zerbrochen.« Der Kapitän lief vor Wut rot an und rief: »So, toerst gohn sei und brengen dat Geld no de Deerns, un dann brengen sei de Gläs entwei an Bord, de betohlen sei, sei Lorbas!« Ganz energisch verbat ich mir jetzt ein für allemal diesen Ton, da das Maß jetzt voll sei! Der Kapitän, mir gegenübersitzend, warf nach mir mit einer gefüllten heißen Teetasse. Das Wurfgeschoß sauste zwischen dem Ersten Steuermann und mir, ohne Erfolg, vorbei. Jetzt war meine Geduld zu Ende, ich ergriff die gefüllte heiße Teekanne und schleuderte sie gegen meinen Todfeind, worauf ich über den Tisch hinwegjumpte und meine schon lange aufgespeicherte Schlußabrechnung mit ihm hielt. Der Erste Steuermann, der während der vorhergegangenen Zeit sich immer sehr neutral verhalten hatte, munterte mich immer wieder mit den Rufen auf »Haut ihn, auf ihn!«. Nun, das war bei meiner aufgespeicherten Wut überflüssig! Ich leistete ganze Arbeit, jedenfalls war ich mit derselben sehr zufrieden. Als ich an Deck kam, war von dem Lotsen nichts zu sehen, er wird wohl vor Angst auf den Schlepper gegangen sein.

Trotz dieser kleinen Auseinandersetzung verließen wir planmäßig noch am selben Abend den Hafen, um die Reise nach Iquique anzutreten. Je weiter wir südlich kamen, desto schlechter wurde das Wetter, und hatten, ehe wir die Breite von Kap Horn erreichten, manchen Orkan zu überstehen. Der Erste Steuermann konnte nur selten seinen Dienst versehen, und hatte unter Fieberanfällen sehr zu leiden. Alles an Deck und in den Laderäumen mußte besonders gut gezurrt werden, da bei dem schweren Wetter das Schiff dauernd stark arbeitete. Ich wurde von dem Kapitän beauftragt, mit meiner Wache die im vorderen Zwischendeck liegenden vollen Öl-, Petroleum- und Tranfässer umzustauen und gewissenhaft zu laschen, und zwar an den Zwischendeckstützen hinter dem Fockmast. Da ich als wachehabender Steuermann das Deck für so lange Zeit nicht verlassen durfte, wollte er selbst die Wache übernehmen. Das Schiff hatte kein festes Zwischendeck, das heißt, die Decksbalken waren nicht beplankt, nur vor dem Fock- und hinter dem Kreuzmast. Aus diesem Grund legten wir entlang der Deckstützen auf den Decksbalken dicke Planken, auf denen die Fässer gestellt wurden, und verbanden die Stützen durch weitere Planken. Bei der herrschenden schweren See und dem starken Arbeiten des Schiffes war es eine halsbrecherische, gefährliche Arbeit. So wurden jeweils auf beiden Seiten der Stützen je zwei Fässer über Kreuz zusammengezurrt. Ich hatte bereits alles zum Laschen der Fässer vorbereitet und auch schon zwei Fässer nach Seemannsbrauch seefest gemacht, als der Kapitän an der Vorluke erschien und mich an Deck rief, um mit einigen Leuten Segel zu bergen, da der Wind stärker aufgefrischt war. Auf meine Frage, wer die Aufsicht beim Laschen der Fässer übernehmen solle, rief er: »Kommen sei an Deck met 2 Mann und dat Laschen versteit Janmaat beter als sei«, worauf ich das in Abrede stellte. Diese seine Behauptung hatte noch böse Folgen. Nach Verlauf einer Stunde war der Wind so steif geworden, daß noch mehr Segel gekürzt werden mußten. Aus dem Zwischendeck bekam ich auf meine Frage. ob die Arbeit fertig wäre, eine bejahende Antwort. Zeit, um mich selbst davon zu überzeugen, hatte ich nicht mehr, und nach dem Ausspruch des Kapitäns war es ja auch nicht notwendig. Aber in meiner Abwesenheit hatten die Leute ihre Pfeifen in Brand gesteckt und sich nicht um die ihnen aufgetragene Arbeit gekümmert. Der Wind war in der Zwischenzeit zum Sturme angewachsen, und es mußten alle Segel, bis auf die Sturmsegel, festgemacht werden. Das Schiff arbeitete sehr schwer und nahm große Brecher über Deck und Luken. An Stelle des dienstunfähigen Steuermannes hatte der Kapitän einen älteren Matrosen zum Bootsmann gemacht, der die Backbord-Wache unter Leitung des Kapitäns übernahm. Während der Nacht erwachte ich durch kurz aufeinanderfolgende laute Geräusche, ähnlich einem großkalibrigen Kanonenschuß. Sofort hatte ich die böse Ahnung, daß das nur die Fässer im Zwischendeck sein konnten. So war es auch! Den Schaden habe ich mir bei Antritt der Wache angesehen. Es waren nur noch die beiden Fässer, die nach meiner Anweisung gezurrt waren, an ihrem Platz. Alle anderen waren vom Zwischendeck in den Unterraum gestürzt und nichts als Faßreifen und Dauben übriggeblieben. Das Öl, Petroleum und Tran war in die Bilgen gelaufen, es waren ca. 10 Fässer.

Als es Tag wurde, machte ich dem Kapitän Meldung. Was würde der Allgewaltige wohl mit mir gemacht haben, wenn er mich nicht bereits am letzten Abend in Santos kennengelernt hätte? Das einzige, was er immer und so gerne sagte: »Dat betohlen sei mir.« – »Jo, jo, datt kann Janmaat beter als sei«, gab ich ihm zur Antwort. Jetzt bestritt der Feigling, derartige Worte gesagt zu haben. Schließlich war Kap Horn passiert. An der Küste Südamerikas wurde das Wetter besser, und hatten nun Gelegenheit, unsere Wäsche zu trocknen. Wochenlang hatten wir kein trockenes Zeug am Leibe gehabt.

So viel Schlechtigkeit, wie ich an Bord des Seglers »Ruthin« durch Kapitän Th. Hamer erleiden mußte, habe ich während meiner 40jährigen Fahrzeit nicht wieder erlebt! Der erwähnte Verlust der Fässer sollte für mich aber noch ein ganz besonderes Nachspiel haben. In Iquique angekommen, wurde bald mit der Einnahme von Salpeter begonnen. Als wir ca. 14 Tage im Hafen lagen, fand ich, als ich zur Mittagspause in die Kammer kam, allerlei Quittungen auf meinem Schreibpulte. Die Papiere entpuppten sich als Quittungen bezahlter Öl-, Petroleum- und Tranfässer, geliefert von einer Firma aus Valparaiso. Empört warf ich den Schmutz dem Kapitän in der Kajüte auf den Tisch und verbat mir weitere Belästigungen dieser Art.

Nach Aufenthalt einiger Wochen traten wir die Heimreise nach Rotterdam an, und trafen nach einer schlechten Reise dort wohlbehalten ein. Der Erste Steuermann war noch nicht wieder gesund, konnte aber seine schriftlichen Arbeiten verrichten. Das Schiffstagebuch war bis Dover fertiggeschrieben, es fehlte nur noch die Eintragung des letzten Tages. Der Kapitän hatte angeordnet, daß am nächsten Tage die Segel abgeschlagen werden sollten und am übernächsten Tage die Mannschaft abmustern würde. Am Abend ging ich an Land und kam erst spät wieder an Bord zurück. Der Kapitän war auch an Land gewesen und hatte den Heuerbaas, der ihm bei der Abrechnung helfen sollte, mitgebracht. Beide gingen in die Kammer des Ersten Steuermannes, wo der Kapitän das Schiffstagebuch vom Ersten Steuermann forderte. Da die Eintragungen des letzten Tages, wie bereits erwähnt, fehlten, sollte der Kranke in später Nacht aufstehen und dieselben zu Ende führen. Der Erste Steuermann sagte, das habe am Tage auch noch Zeit. Der Kapitän bestand jedoch darauf, und bekräftigte es mit den Worten, daß er sich übrigens noch einen Mann mitgebracht habe. In diesem Augenblick kam ich die Treppe zur Kajüte herunter und fragte, was denn hier mitten in der Nacht los sei. Darauf sauste eine Gestalt an mir vorbei und verschwand an Land, während der Kapitän sich in der Kajüte einschloß.

Bei der Abmusterung im deutschen Konsulat in Rotterdam wurde den Leuten ihr Guthaben ausgezahlt. Mein gesamter Verdienst wurde beschlagnahmt, um damit die in Valparaiso gekauften Ölfässer etc. zu bezahlen. Unter Protest musterte ich ab. Auf dieser Weise habe ich ein Jahr lang umsonst den schweren Dienst verrichtet. Von allem, was zwischen dem Leuteschinder und mir vorgefallen war, hat der Kapitän bei der Abmusterung wohlweislich nichts erwähnt. Von Rotterdam fuhr ich nach Elsfleth und reichte Klage beim Amtsgericht in Oldenburg ein. Dieser Kapitän Hamer hatte sich auch in Elsfleth sehr unbeliebt gemacht. Er hatte sich während der Reise sehr abfällig über die Elsflether Frauen geäußert, und behauptet, es gäbe keine anständige Frau in der Stadt. Der Mann wurde von den Elsflethern erwartet, um sich näher darüber zu äußern. Der Held zog es aber vor, seinen Wohnsitz von Elsfleth nach Oldenburg zu verlegen.

Die Reise mit dem Vollschiff »Primus«, Kapitän B. Reumann

Da ich bald wieder auf dem Vollschiff »Primus« von Bremen anmusterte, engagierte ich auf Empfehlung Bekannter den Rechnungssteller Gräper in Elsfleth zu meinem Vertreter. Dieser Herr hat mich viel gekostet und nichts erreicht. In einem englischen Hafen erhielt ich die Nachricht, daß der Prozeß verloren sei, und von Gräper Berufung eingelegt wurde. Dazu gehörte aber viel Geld, und so bat ich die Reederei, an Gräper die nötigen Beträge von meinem Guthaben auszuzahlen. Es war alles weggeworfenes Geld. Wieder endete der Prozeß negativ für mich. Nie hat man mir über den Gang der Verhandlungen Mitteilung gemacht. Als ich zweieinhalb Jahre später die Kapitänsschule in Geestemünde besuchte und einen kurzen Besuch in Elsfleth machte, wurde ich von Gräper in sein Haus gebeten, um, wie er sagte, noch eine kleine Angelegenheit zu regeln, es sei nur eine Formsache. Der ehrenwerte Herr schrieb einen Zettel aus und bat mich, denselben zu unterschreiben. Nichts Böses ahnend, und ohne den Wisch aufmerksam gelesen zu haben, unterzeichnete ich.

Nach 23 Jahren (1919) erhielt ich von der Witwe Gräper ein Schreiben, in dem sie mir mitteilte, daß sie bei Durchsicht der Nachlaßpapiere noch eine Forderung, aus der Zeit des Prozesses gegen Kamer, gefunden habe, in Höhe von 800 RM. In der schriftlichen Forderung war vereinbart, daß dieselbe nie verfällt. Da ich beim Empfang des Schreibens von der Witwe Gräper als Kapitän auf einem Segelschiff fuhr, habe ich kurzerhand das Geld eingeschickt. Wenn ich selbst bei der Gerichtsverhandlung zugegen gewesen wäre, hätte ich bestimmt eine für mich günstige Entscheidung erreicht. Mein Vertreter hat nichts von seemännischen Angelegenheiten gekannt und hätte nie meine Stelle vertreten dürfen. Es war aber für ihn eine gute, unkontrollierbare Einnahme. Mein Verlust belief sich auf 2300 RM, und das bei einem Monatsgehalt von 70 RM als Zweiter Steuermann.

Es war im Jahre 1895, als ich auf dem Vollschiff »Primus« in Cardiff als Zweiter Steuermann an Bord ging. Die Mannschaft bestand aus verschiedenen Nationen. Der Kapitän war ein ruhiger, tüchtiger Seemann. Die Reise ging nach Kapstadt und verlief normal. Mehrere Wochen blieb das

Schiff im Hafen, und so konnten wir mit den in Kaptstadt ansässigen Deutschen schöne Ausflüge nach dem Tafelberg machen. Eines Sonnabends besuchte uns, hier in Kapstadt, ein älterer Herr des deutschen Kirchenvorstandes, um der Mannschaft einige Epistel des Testaments vorzulesen, und verteilte fromme Traktate. Bevor der alte, graue, ehrwürdige Herr das Schiff verließ, unterhielt er sich noch mit mir. Sonnabends erhielt die Mannschaft vom Kapitän einen kleinen Vorschuß ihres Guthabens, damit die Leute am Land ihre Einkäufe machen und auch ihrem Vergnügen nachgehen konnten. An einem Sonnabend wartete die Mannschaft vergebens auf den Kapitän und auf Vorschuß. So erging es auch mir. Um dennoch an Land gehen zu können, lud mich der alte Herr ein, mit ihm nach Hause zu gehen, wo er mir das gewünschte Geld leihweise geben wollte. Auf dem Wege dorthin kamen wir an einem Wirtshaus vorbei, das durch eine helleuchtende rote Laterne gekennzeichnet war. Von einem Besuche dieser lockenden Vergnügungsstätte riet mir mein Freund dringend ab. Dennoch erhielt ich von ihm etwas Kleingeld, um meinen Durst zu stillen, mußte jedoch versprechen, bald wieder herauszukommen, da er auf mich warten wolle. Dem alten Herrn ist es aber doch zu lang geworden, und so wagte er sich in die Höhle des Löwen, um nach mir Umschau zu halten. Bei seinem Eintritt wurde der alte Sünder aber gleich von den anwesenden schönen Mädchen überfallen und geliebkost. Aber er blieb standhaft. Nach einer kleinen Zeche verließen wir das Haus mit der roten Laterne, um das Haus meines Freundes am Fuß des Tafelberges aufzusuchen.

Unterwegs, als ich mich äußerte, später dorthin zurückzukehren, um mein Nachtquartier zu beziehen, meinte er, benebelt durch die genossenen starken Getränke, gerne mitkommen zu wollen. Leider wurde von alledem nichts. Als wir im Heim des frommen Mannes ankamen, mußten wir uns sehr ruhig verhalten, um nicht von der Gattin überrascht zu werden. Ehe wir nämlich unser Abenteuer fortsetzten, wollte mein Freund noch eine Flasche Wein mit mir trinken. Anschließend wollte er die zweite Flasche holen, eine ganz besonders gute Marke, die er unter der Badewanne versteckt hatte. Soweit war alles gutgegangen, die alte Dame, im oberen Stockwerk schlafend, hatte nichts von unserem Tun gehört. Um die Flasche Wein zu holen, war mein Gastgeber unter die Badewanne gekrochen, und konnte nicht wieder zurück, da er festgeklemmt war und laut stöhnte. Das war unser Verhängnis! Als ich sein Klagen hörte, eilte ich dorthin, um ihn an den Beinen hervorzuziehen. Hierdurch wurden die Klagetöne noch lauter, worauf auch prompt die Gattin als rettender Engel auf der Schwelle des sündigen Tuns erschien. Ich mußte mir von seiner Ehefrau noch allerlei Vorwürfe mitanhören. »In unserer langen heiligen Ehe bist du niemals betrunken und untreu gewesen.« An mich sich wendend: »Das sind sie schuld!« Hiermit wurde ich unsanft, mit einem Besen, aber nun schleunigst heraus, entlassen. Zu einem Ausflug nach den Table Mountains ist es leider nicht mehr gekommen, zumal mein Freund mehrere Tage benötigte, um sich im Gebet mit dem Herrgott auszusöhnen. Anscheinend ist es ihm auch gelungen, denn zur roten Laterne wollte er nicht wieder.

Von Kapstadt segelten wir nach Port Adelaide, Südküste von Australien, um den Ballast zu löschen, den wir in Kapstadt eingenommen hatten. Von Adelaide versegelten wir nach Port Wakefield, um Getreide für einen Nordsee-Hafen zu laden. Nachdem das Schiff beladen und seeklar war, mußten wir noch 14 Tage auf Order warten, da telegrafisch noch kein Bestimmungshafen für die Ladung von der Reederei mitgeteilt war. Endlich kam die telegrafische Nachricht »Falmouth for orders«. Es sollte meine längste Seereise werden. Nach anhaltend stürmischen und widrigen Winden erreichten wir das Kap Horn nach 110 Tagen, und nach weiteren 100 Tagen ankerten wir mit dem Schiff an der Reede von Falmouth Bay. Während dieser ungewöhnlich langen Reise erkrankte niemand, da der »Primus« reichlich mit gutem Proviant und ausreichend mit frischem Trinkwasser ausgerüstet war. Auf der Reede von Falmouth erhielten wir die Order, unsere Reise nach Newcastle fortzusetzen. Newcastle liegt an der Ostküste von England. Hier wurde die Ladung gelöscht und die Mannschaft abgemustert. Mit einem Dampfer der Reederei Sauber fuhr ich nach Hamburg. Es war Domzeit, und ich konnte einige vergnügte Tage mit meinen Freunden verleben.

Kap-Horn-Reisen

Dampfer fahren von der Ost- nach der Westküste Südamerikas durch den Panama-Kanal. Die Segelschiffe nehmen ihren Kurs um das Kap Horn. Wenn man den SO-Passat einige Tage hinter sich hat, stellen sich die ersten Vorboten des Kap-Horn-Wetters ein. Je weiter der Kurs südlich, desto stürmischer wird der Wind und grober der Seegang. Mitunter wochenlang, bei großer Kälte, muß das Wetter überstanden werden. Nach wenigen Tagen hat man kein trockenes Kleidungsstück mehr, da es nirgendwo eine Gelegenheit zum Trocknen gibt. Es kommt sehr häufig vor, daß die Freiwache, kaum zur Ruhe gegangen, aus der kaum warm gewordenen Koje geholt wird, um Segel zu bergen. Kaum ist man, noch halb verschlafen, in der dunklen Nacht an Deck, wird man auch schon durch die überkommenden Brecher überschüttet. Damit die Mannschaft sich überhaupt von einer zur anderen Stelle begeben kann, werden Strecktaue angebracht, an denen sich die Leute entlangfühlen können. Hat man dann endlich die schweren Arbeiten beendet, geht die Freiwache in ihr Logis. Da kein trockenes Zeug vorhanden, wird dasselbe ausgewrungen, dann kriecht man in seinen Zeugsack, mit Ölzeug und Seestiefeln, unter die Bettdecke, und man schläft, nachdem noch eine Pfeife geraucht, trotz des stark arbeitenden Schiffes und des heulenden Sturmes ein. Die Wellenberge erreichen eine gewaltige Höhe und Kraft, so daß man annehmen könnte, daß das Schiff darin begraben würde. So geht es, bis Kap Horn umrundet und der Kurs nach den Salpeterplätzen führt. Einige Wochen später hat man nochmals auf der Heimreise diese Kap-Horn-Reisen zu überstehen. Wer eine derartige Reise nicht selbst mitgemacht, kann sich davon keine Vorstellung machen.

Besuch der Navigationsschule in Geestemünde (Wesermünde)

Da ich die vorgeschriebene Fahrzeit als Seesteuermann zurückgelegt hatte, fuhr ich nach Geestemünde, um nochmals die Navigationsschule in der Kapitänsklasse zu besuchen. Der Kursus dauerte drei Monate. Während dieser Zeit konnte ich das Landleben gründlich genießen. Nach bestandener Kapitänsprüfung erhielt ich vom Bezirkskommando den Stellungsbefehl zu einer 7wöchigen Reservistenübung.

Erinnerungen meiner siebenwöchigen Reservistenübung

Nach der angenehmen Schulzeit ging es wieder in der mir so verhaßten Soldatenkluft nach Wilhelmshaven. Man kommandiert mich zum Steuermannspersonal. Unser Obersteuermann war ein guter Vorgesetzter. Es war die Zeit der Herbstmanöver. Um das Herbstmanöver mitzumachen, wurde ich mit mehreren anderen Reservisten nach Helgoland kommandiert. Mit der Bahn fuhren wir nach Hamburg, um von dort mit einem Seebäderdampfer nach Helgoland zu kommen. Wir erhielten das nötige Reisegeld. Nachts mußten wir in Hamburg übernachten, es war uns freigestellt, ob in einer Kaserne oder anderweitigen Unterkunft. Unsere militärische Ausrüstung bestand aus Gewehr, Seitengewehr und Kleidersack mit Effekten. Den Sack stellten wir in irgendeiner bekannten

Kneipe ab. Bald hatten wir uns getrennt, aber keiner suchte eine Kaserne auf. Auch ich fand eine herzliche Aufnahme bei einer lieben Freundin. Am nächsten Morgen verließ ich mein Nachtquartier, mein Gewehr ließ ich zurück, ohne es zu wissen. Abfahrtsbereit lag der Dampfer an den St.-Pauli-Landungsbrücken. Mein Geld war während der Nacht alle geworden, und somit konnte ich kein Reisebillett bezahlen, dennoch verstand ich es, an Bord zu gelangen. Beim Vonbordgehen in Helgoland mußten die Passagiere am Fallreep ihre Billette abgeben, ich erklärte, das meinige verloren zu haben. An Bord »SMS Brandenburg« angekommen, mußten die Gewehre abgegeben werden. Erst jetzt fiel es mir ein, daß ich das Gewehr bei meinem Mädel vergessen hatte. Aufgefordert, mein Gewehr abzuliefern, erklärte ich, kein Gewehr erhalten zu haben, da ich als Steuermannsgast auf der Brücke kein solch gefährliches Spielzeug gebrauchen könne. Später habe ich nichts mehr über die Knarre gehört.

Wir fuhren mit zwei Divisionen. Die Kieler Flotte bildete die erste Division. Sie bestand aus vier modernen Schlachtschiffen und vielen Torpedobooten, ebenso stark war die zweite Division aus Wilhelmshaven. Auf beiden Flaggschiffen waren Admirale. Während der 7wöchigen Übungszeit war ich an Bord des Flaggschiffes »Brandenburg«.

Eines Nachts ging auf dem Führerschiff der ersten Division ein Signal für »SMS Brandenburg« hoch. Der wachhabende Signaloffizier konnte das Signal nicht entziffern und weckte daher den Signal-Kapitänleutnant Collas, ein sehr beliebter Offizier. Der Kapitänleutnant stellte fest, daß das Signal nicht mehr benutzt wurde, und es solle daher unbeantwortet bleiben. Darauf begab er sich wieder zur Ruhe.

Kurz darauf ging ein anderes Signal auf dem Flaggschiff der ersten Division hoch, das den Kapitänleutnant auf das Flaggschiff zum Admiral kommandierte. Der zweite Kutter wurde klargepfiffen und der Offizier hinübergerudert. Was sich zwischen dem Admiral und dem Kapitänleutnant zugetragen hat, haben wir nie erfahren. Eine Stunde später kam das Boot mit dem Offizier zurück. Meine Hängematte, in der ich schlief, hing nahe der Kammer des Offiziers. So konnte ich beobachten, wie Kapitänleutnant Collas aus einem Gewehrständer ein Gewehr nahm und damit in seine Kammer ging. Nichts Böses ahnend, schlief ich wieder ein, wurde aber bald durch einen Schuß, der in der Kammer des Kapitänsleutnants abgefeuert war, munter. Kapitänleutnant Collas hatte sich erschossen. Die ganze Mannschaft trauerte um den beliebten Offizier. Unser Admiral meldete den plötzlichen Tod seines Offiziers und bat, mit seinem Flaggschiffe »Brandenburg« den toten Offizier nach Wilhelmshaven bringen zu dürfen. Diese Bitte wurde abgeschlagen, und ein Torpedoboot mußte die Leiche nach Wilhelmshaven befördern. Ein Offiziers-Ehrengeleit wurde nicht gestattet. So wurde ein beliebter, ehrenwerter Offizier behandelt! Nicht einmal ein Geleit war er wert! Wofür hatte der treue Soldat nun dem Vaterland so viele Jahre treu gedient? Nicht einmal die Flaggen wurden halbstock gehißt! Das Manöver ging weiter.

Mit mehreren Reservisten, die alle das Kapitänsexamen bestanden, besuchten wir das Schützenfest in Wilhelmshaven. In einem Trinkzelt wurden wir von einer jungen Wirtin bedient und waren recht bald in fröhlicher Stimmung. Die Frau saß mit uns am Tisch. Ein junger, etwa 20jähriger Hoboisten-Maat betrat das Zelt und verlangte von uns, aufzustehen und militärische Haltung anzunehmen. Der junge Musiker wurde ausgelacht, als er erklärte, die Wirtin sei seine Braut, und beschimpfte sie, indem er sagte: »Du solltest dich schämen, mit gewöhnlichen Kulis am Tisch zu sitzen.« Wir waren sehr empört über die Äußerungen dieses Lümmels, und als ich auf ihn losgehen wollte, griff er nach meiner Mütze und riß sie mir vom Kopf. Im selben Augenblick ergriff ich seine Kopfbedeckung und bearbeitete den Flegel nach allen Regeln der Kunst, so daß er nicht mehr aufstehen konnte. Meine Kameraden hatten schon fluchtartig das Zelt verlassen. Als ich sah, daß der Hoboisten-Maat sich etwas erholt hatte und anhaltend nach einer Patrouille rief, machten die Wirtin und ich uns auch aus dem Staube. Meine Kameraden habe ich an diesem Abend nicht wiedergesehen, traf aber mit einer anderen lustigen Gesellschaft zusammen. Es wurde reichlich gezecht. Die Folge war, daß ich über Urlaub blieb. Am nächsten Morgen, gegen 10 Uhr, mietete ich ein Segelboot, um an Bord zu segeln. Nach alter Tradition der Kriegsmarine dürfen nur Offiziere an der Steuerbordseite anlegen, als Seemann der Handelsmarine war ich es gewohnt, stets an der Leeseite (vom Winde geschützte Seite) eines Schiffes anzulegen. So kam es, daß ich an Steuerbordseite anlegte, da es für mich die windgeschützte Seite war. Von Bord aus war nicht zu erkennen, wer sich im Segelboot näherte, da ich vom Segel verdeckt war. Die an Bord mußten daher annehmen, daß es ein Offizier war. An Deck pfiff der Bootsmannsmaat der Wache das Kommando »Fier Fallreep!«. Der wachhabende Offizier hatte zur Ehre des Ankömmlings dienstlich umgeschnallt. Um diese Zeit war die ganze Mannschaft in Divisionen angetreten. An Backbord die Matrosen, an Steuerbord das Maschinen- und Heizerpersonal.

Der Erste Offizier hatte den Vorfall auch beobachtet und stellte mich zur Rede. »Kerl, wo kommen sie her?« Was konnte ich anderes antworten als »Von Land, Herr Kapitän«. Sofort melden sie sich beim Wachtmeister und lassen sich einsperren. Dem Befehl habe ich nicht Folge geleistet, sondern ging in die Segelmacherei, wo niemand anwesend war, um meinen Rausch auszuschlafen. Während des ganzen Tages wurde nach mir gesucht. Als Backen und Banken (Abendbrot) gepfiffen wurde, verließ ich meine Schlafstelle und kam noch rechtzeitig zum Abendbrot. Nach dem Essen ging ich in das Zwischendeck, um mich umzuziehen. Mich beim Wachtmeister zu melden, hatte ich verschwitzt. Während ich mit meiner Kleiderkiste beschäftigt war, entdeckte mich der Wachtmeister, und jetzt erst fielen mir meine Sünden wieder ein. Der Gestrenge sperrte mich ein, aber meine Kameraden ließen mich nicht verdursten. Über der Zellentür war ein Luftschacht, in den mir von meinen Freunden gefüllte Blechgefäße mit Bier gestellt wurden. Am nächsten Tage wurde ich mit einigen Leidensgenossen auf das Oberdeck in die frische Luft geführt und von einem Posten, mit aufgepflanztem Seitengewehr, bewacht. Als ich sah, daß ein Freund von der Schulzeit der Navigationsschule, mit dem ich 2 Zimmer geteilt hatte, an Bord kam, ging ich auf ihn zu, um denselben zu begrüßen. Mein Freund war an Bord kommandiert, um seine Offiziersübung zu machen. Nachdem wir eine kurze Zeit unsere Gedanken ausgetauscht hatten, näherte sich der wachhabende Offizier, um meinen Freund zum Ersten Offizier zu bringen, wo er nicht gerade freundlich empfangen wurde. Es wurde nicht gerne gesehen, daß ein Offizier mit einem gewöhnlichen Matrosen, und erst recht nicht mit einem Strafgefangenen, freundschaftlich verkehrte. Mittags wurde ich aus der Haft entlassen und trat meinen Dienst auf der Brücke wieder an. Mein Schulkamerad war wachhabender Offizier, und es war ein Glück für mich, daß er an Bord gekommen war, sonst wäre ich nicht so schnell wieder in Freiheit gekommen. Der Hoboisten-Maat hatte nämlich beim Auditeur (Militärgericht) Anzeige erstattet und unser Schiffskommando davon in Kenntnis gesetzt. Mein Freund wurde nun befragt, wie ich mich im Zivilleben benehme. Da er über mich das beste Zeugnis ausstellte, entschloß man, den Hoboisten-Maat zu bewegen, auch in seinem Interesse, die Klage rückgängig zu machen. Ich solle aber an Bord »SMS Großer Kurfürst« gehen, um mich bei dem Hoboisten zu entschuldigen. Diese Mitteilung erhielt ich von meinem Freund. Wenn die Anzeige seinen Lauf genommen hätte, wäre mir eine längere Festungshaft sicher gewesen. Das alles nur, weil meine Kameraden und ich von einem 20jährigen Musiker, in diesem Falle einem Unteroffizier, beleidigt und dieser von mir energisch gezüchtigt wurde.

Sofort ging ich an Bord »SMS Großer Kurfürst«, um meinen Besuch abzustatten. Man brachte mich in die Musikinstrumentenkammer, wo der Musikant, auf einem Dreibock, den Kopf mit beiden aufgestützten Händen hielt, saß und über seine Sünden nachdachte. Er gab ein trauriges Bild ab, der Kopf gänzlich in Binden, aus denen nur die Augen sichtbar waren. Beim Eintritt nahm ich eine besonders militärische Haltung an und machte meine Meldung. Hierauf teilte er mir mit, daß er auf Anweisung des

Offizierskorps bereits die Anzeige zurückgenommen habe, in Anbetracht der wenigen Tage bis zu meiner Dienstentlassung. Als ich denselben durch einen kräftigen Schulterschlag einlud, mit mir zur Kantine zu gehen, sagte er: »Nein, nein, gehen sie nur schleunigst heraus!«

An Bord des Fischdampfers »Vegesack«

Nach meiner Entlassung vom Militär machte ich einige Reisen auf dem Fischdampfer »Vegesack« von Geestemünde. Es wurde in der Nordsee gefischt. Im Allgemeinen wird das Leben und die Arbeit auf einem Fischdampfer als besonders schwer geschildert. Das habe ich nicht empfunden, im Gegenteil, es hat mir sehr gut gefallen, zumal die Beköstigung gut war. Mit dem harten Leben auf einem Segelschiff rund Kap Horn ist es gar nicht zu vergleichen. Alle sechs Stunden wurde mit einer Dampfwinde das Netz hochgezogen, die Fische sortiert, gereinigt und im Eisraum verstaut. Während dieser Zeit, ungefähr eine Stunde, stand der Kapitän am Ruder. Nachdem das Deck wieder saubergespült, gingen die Leute wieder zur Koje. Wenn es stürmisch und die See zu grob wurde, zog man das Netz ein, der Maschinentelegraf auf langsam gesetzt, ein Mann löste den Kapitän am Ruder ab, und alle übrigen Leute gingen unter Deck, bis sich das Wetter besserte. Auf den Fischdampfern verdienten die Matrosen monatlich 10 RM mehr als auf anderen Schiffen. Aber trotzdem hat mir diese Art der Seefahrt nicht gefallen, ich sehnte mich wieder nach der Großschiffahrt und seinen Segelschiffen.

An Bord der deutschen Bark »Bille«

Im Jahre 1896 bewarb ich mich um die 1. Steuermannsstelle der Bark »Bille«, beheimatet in Hamburg. Damals war ich 27 Jahre alt. Als ich mich dem Reeder vorstellte, sagte er: »Sie sind noch zu jung und wohl noch nicht energisch genug.« Darauf, als ich das Kontor verlassen wollte, bat mich der Reeder, ich möchte den Koch, der draußen warte, hereinrufen. So hörte ich noch, als derselbe gefragt wurde, ob er auch backen könne, selbiger es mit den Worten bejahte »Backen ist meine Spezialität«. Nur deshalb wurde er angenommen. Während der Reise versagte der Mann aber gänzlich.

Dem Ersten Steuermann, welcher an Bord war, wurde eine gute Landstellung angeboten, konnte dieselbe aber nicht antreten, ohne einen Ersatzmann zu stellen. Als Familienvater wollte er den Seemannsberuf aufgeben. Das Schiff blieb noch einige Wochen im Hamburger Hafen liegen, und der Reeder hatte immer noch die Hoffnung, einen älteren Ersten Steuermann zu bekommen. Am letzten Tage vor der Ausfahrt des Schiffes suchte mich der bekannte Heuerbaas Ernst Lübke vom Pinnasberg auf, um mir mitzuteilen, daß der Reeder Erkundigung über mich eingezogen und sich entschlossen habe, mir die Stellung anzubieten. Wir waren mit mehreren Steuerleuten in der bekannten Wirtschaft von Wittkamp, Hopfenstraße, zusammen. Da ich drei Wochen früher für nicht energisch genug befunden worden war, wollte ich jetzt die Stellung nicht mehr haben. Mutter Wittkamp, die auf uns alle großen Einfluß ausübte, bat mich, den jetzigen Ersten Steuermann, einen Familienvater, doch abzulösen. So willigte ich ein und folgte dem Heuerbaas nach Eimsbüttel zur Wohnung des Reeders, wo auch der Kapitän anwesend war. Es war Mitternacht, als wir uns trennten. Um 6 Uhr am nächsten Morgen sollte die »Bille« die Reise nach Rangoon (Ostindien) antreten. Als Monatsgage wurden mir 90 RM angeboten, und zwar für die erste Reise, für die nächste sollte ich dann mehr erhalten. Darauf ging ich nicht ein. Man bezahlte damals 100 RM für einen Ersten Steuermann. Auf die Frage, wieviel ich dann beanspruche, forderte ich 120 RM und fügte hinzu: »Sie haben Erkundigung über mich eingezogen und mich für den Posten für fähig befunden.« Nach einem Kuhhandel erhielt ich dann 110 RM, mit der Order, sofort an Bord zu gehen. Das war natürlich nicht möglich, da für eine Jahresreise auch Ausrüstung gehört und nachts nichts zu kaufen war.

Am nächsten Morgen um 10 Uhr ging ich an Bord. Der Lotse war schon anwesend und der Schleppdampfer längsseit. Der Kapitän war drei Jahre älter als ich, und der Zweite Steuermann machte die erste Reise als Steuermann. Das Schiff hatte eine Ladung loses Salz und auf diesem Lampenwaren in Kisten. Die erste Woche war noch frisches Brot an Bord, und dann gab es Hartbrot. Der Koch, der sich beim Reeder als Spezialist im Backen ausgab, sollte jetzt backen. Wir wurden aber immer hingehalten, er erklärte, die Hefe tauge nichts, dabei hatte er in Hamburg gar keine Hefe bestellt. Manchen Versuch hatte er bereits angestellt, aber alle mißglückten. Ein Faß Mehl hatte er schon versaut. Eines Abends kommt ein alter Matrose zu mir und teilte mir mit, daß es morgen Mittag Sackkoken (Großen Hans) gebe. Der Koch habe jetzt eine gute Hefe hergestellt. Er, der alte Matrose, habe ihm erzählt, daß die chinesischen Köche immer gutes Brot backten, weil sie eine wundervolle Hefe hätten. Sie erfüllten eine Flasche mit Urin, verkorken dieselbe und binden den Korken fest, wie bei einer Sektflasche. Nach einigen Tagen ist die Hefe (Urin) ausgegoren und fertig zum Backen. Es war, wie mir der Matrose mitteilte, es gab nächsten Mittag den berühmten Sackkoken. Der Koch hatte sich zur Feier seines Erfolges eine neue, große weiße Schürze umgebunden und eine ebensolche Mütze aufgesetzt. Er bediente den Kapitän, den Zweiten Steuermann und mich. Als der Kapitän mit einem großen Messer den Sackkoken anschnitt, gab es einen richtigen Puff. Der Kapitän schnitt sich ein großes Stück ab. Ich erklärte, da ich die Herstellungsart kannte, keinen Appetit zu haben, auch der Zweite Steuermann hat tüchtig hereingehauen, und beide Herren animierten mich, doch auch von dem herrlichen Sackkoken zu essen. Der Koch meinte, nun habe er es heraus, Hefe zu machen, und er freue sich, daß es ihm so gut gelungen, und meinte, ich sei aber gar nicht zufriedenzustellen. Das hätte er aber nicht sagen dürfen, denn jetzt ergriff ich den Schweinigel, gab ihm eine tüchtige Abreibung und jagte ihn an Deck. Der Kapitän und Zweiter Steuermann wunderten sich meiner Handlungsweise. Nachdem ich erzählte, was sie beide gegessen, mußte sich der Kapitän erbrechen, während der Zweite Steuermann abends nochmals ein großes Stück von dem schmackhaften Sackkoken verdrückte. Sobald der Koch an Deck gesichtet, wurde ihm von der Mannschaft ein kräftiger Rosenkranz gewunden. Unter der Melodie »Ich winde dir den Rosenkranz« verstehen die Seeleute eine Tracht Prügel mit dem Tauende, und jeder durfte zuschlagen, dabei wurde dann die erwähnte Melodie gesungen. Während der langen Reise bekamen wir keinen Sackkoken und Frischbrot mehr. Als das Schiff nach außergewöhnlich langer Reise in Rangoon ankam, verließ der Kuchenbäcker, ohne Abschied zu nehmen, das Schiff.

Im Indischen Ozean hatte das Schiff einen schweren Taifun zu bestehen. Wellenberge überspülten das ganze Schiff, und waren alle Unterkünfte der Besatzung überspült. Zuerst ging der Klüverbaum mit Stagen und Segeln über Bord. Die Trümmer wurden durch an Bord noch feststehendes Gut längsseit festgehalten und stießen mit großer Gewalt gegen die Schiffsseite. Das Schiff wurde dadurch sehr stark erschüttert, und ich befürchtete, daß dasselbe leckschlagen würde. Aber noch war die Bille dicht. Kaum waren die Trümmer aus dem Wege geräumt, als auch schon, da der Vortop keinen Halt mehr hatte, derselbe über Bord ging und mit ungeheurer Gewalt gegen das Schiff stieß. Das Schiff wurde dauernd von gewaltigen Brechern überschüttet und arbeitete sehr schwer. Vorroyal, Bram und Obermarsrahe waren mit den Segeln über Bord gegangen. Die Marsstenge war dicht über dem Eselshaupt abgebrochen. Dem Kapitän, der in seiner Kammer war, hatte ich über alles Meldung gemacht. Auf meinen Rat, jetzt alle Trümmer, die längsseit noch durch feststehendes Gut gehalten wurden, zu kappen, sagte er: »Alles unnötig, da wir doch absaufen.« Nachdem ich dann wieder an Deck kam, sah ich, wie die eiserne Voruntermarsrahe, die von einer Untermarsschote an Deck noch gehalten und auf- und niederstand, in einem großen Bogen feuerspeiend über Bord ging. Um ein Leckschlagen des Schiffes zu verhüten, war höchste Eile geboten, und es wurden schnellstens die Stagen und Pardunen gekappt, wodurch die längsseit rammenden

Trümmer versanken und teilweise abtrieben. Die Mannschaft war sehr abgespannt, sollte aber noch lange nicht zur Ruhe kommen. Vorne war nur noch der Fockmast und die Fockrahe übriggeblieben. Es brach das Großstengstag. Großroyal- und Bramrahe mit Bramstenge sausten von oben, nur der Besanmast blieb unbeschädigt. Zum Manövrieren hatten wir vorne die Fock, mittschiffs Großsegel, Unter- und Obermarssegel. Mit dieser Takelage war vorläufig nichts anzufangen. Der Taifun hielt mit unverminderter Stärke an, die Brecher stürzten noch weiterhin mit ununterbrochenem lauten Brüllen über das ganze Schiff. Ein Mann, der sich vom Vorschiff nach hinten durchgearbeitet hatte, brachte die erschreckende Nachricht, daß die Großluke eingeschlagen sei und die überkommenden Brecher in den Laderaum hineinstürzten. In diesem Moment schlug eine gewaltige See das Skylight (Oberlicht über der Kajüte) ein, und es drang nun das überkommende Wasser in großen Mengen in die unter dem Oberlicht befindliche Proviantkammer. Der dort befindliche Frischwassertank schlug ein und lief leer. Der Kapitän rettete mit den Leuten, was noch zu retten war. Der größte Teil des Proviantes war durch das eindringende Seewasser verdorben worden. Das übriggebliebene Trinkwasser, es war nur noch wenig Wasser in einem anderen Tank vorhanden, mußte rationiert werden. Mir persönlich stand nur noch 1 Matrose und 1 Leichtmatrose zur Verfügung, um die Großluke zu dichten. Das war für uns eine äußerst schwere und lebensgefährliche Arbeit! Zwei Lukendeckel waren bereits über Bord gespült, und die Persenninge zerrissen. Der Lukensüll von der Großluke war nur 10 Zoll über Deck, und fast alle Lukenkeile fehlten. Mit meinen beiden Leuten holte ich ein

Gaffeltopsegel aus der Segelkoje. Da das Schiff sehr schwer arbeitete und wir ununterbrochen von der überkommenden See aufgehalten und längs Deck geworfen wurden, gelang es uns doch, nach langem Kampf, das Segel nach der Großluke zu bringen. Der Sack mit den Reserve-Lukenkeilen war aus dem Zimmermannshock (Werkstelle) über Bord gespült. Alles nur Erdenkbare wurde als Lukenkeile verwandt. Statt der verlorenen Lukendeckel nagelten wir starke Bohlen über die Luken. Bei diesem infernalischen Wetter war es sehr schwierig, das Segel über der Luke zu schalken, immer wieder riß die See uns das Segel aus den Händen. Der Leichtmatrose, der neben mir das Segel festhalten sollte, damit ich Keile zwischen Segel und Luke schlagen konnte, wurde mehrere Male von meiner Seite durch die überkommende See weggeschlagen. Plötzlich war er gänzlich verschwunden, obwohl ich verschiedentlich nach ihm rief, blieb er vermißt, und ich nahm an, daß er über Bord geschlagen sei.

Als die Leute, die im Proviantraum gearbeitet hatten, an Deck kamen, fanden sie den zwischen der Reling und einer Reservespiere festgeklemmten vermißten Leichtmatrosen, anscheinend tot. Der Leichtmatrose wurde in das Mannschaftslogis gebracht. Die Leute hatten noch viele Aufräumungsarbeiten zu leisten. Ich blieb bei dem Leichtmatrosen, um ihn zu beobachten, und stellte Wiederbelebungsversuche mit ihm an. Als alles nichts helfen wollte, versuchte ich es mit einer Segelnadel, die ich ihm ziemlich unsanft in sein Gesäß steckte. Das hatte Erfolg. Der Mann erholte sich schnell wieder und versah bald wieder seinen Dienst.

Die Mannschaft, unter welcher mehrere noch recht junge

Leute waren, zeichnete sich durch Mut und Todesverachtung aus. So enterten dieselben, trotz der schweren See, auf die noch längsseit festhängende Takelage und retteten noch allerlei wertvolles Gut. Es gelang ihnen sogar, noch einige Segel abzuschlagen und unter großer Mühe und Lebensgefahr zu bergen. Einige dieser jungen Leute habe ich später noch als Kapitäne wiedergesehen. Im Großtop schlingerte ein großes Stück der Bramstange, festgehalten durch Stagen, im großen Bogen von einer Seite zur anderen. Ähnlich, wie die Cowboys die wilden Pferde mit ihrem Lasso einfangen, mußten auch wir die Bramstenge einfangen, jedoch viel schwieriger als Freund Cowboy, bei schwer arbeitendem Schiff. Nach einigen Tagen wurde das Wetter besser, und wir freuten uns, den Taifun lebend überstanden zu haben. Das Schiff war dicht geblieben, aber die uns noch verbliebene Takelage sah wüst aus. Es war viel Wasser in die Laderäume eingedrungen, und die Mannschaft mußte tagelang pumpen. Da der vordere Teil der Füllungen (Bilgen) im Vorraum verstopft war, konnte das Wasser nicht nach der Pumpe gelangen, und es mußte das im vorderen Laderaum eingedrungene Wasser vermittels Eimer herausgemannt werden. Die Lebensmittel waren zum größten Teil verdorben und das Trinkwasser sehr knapp.

Es waren glücklicherweise mehrere Reservespieren an Bord, mit denen wir die Takelage so herrichteten, daß die »Bille« wieder einigermaßen manövrierfähig wurde und wir den Bestimmungshafen Rangoon (Birma) erreichten. Als das Schiff auf der Reede ankerte, war ein großer Teil der Einwohner gekommen, um das schwer havarierte Schiff und die ungewöhnliche Takelage zu bewundern. Kaum in Tangoon angekommen, desertierte die Mannschaft. In der Bordbiographie hatten wir über Takelage, Rahen und Segel genaue Zeichnungen. Der Kapitän ging an Land und nahm Leute an, die Segel nähen konnten, er selber schnitt die neuen Segel zu. Es kam ein guter japanischer Zimmermann mit seinen Fachleuten an Bord, um die auf See verlorenen Rahen und Stengen neu anzufertigen. Die Stagen und Pardunen wurden von uns beiden Steuerleuten erneuert. In einigen Wochen befand sich das Schiff wieder in einem seetüchtigen Zustande.

In der Zwischenzeit wurde die Ladung, die aus losem Salz und Lampenwaren in Kisten bestand, gelöscht. Von den Kisten war nichts übriggeblieben, und wir fanden zwischen dem Salz nur verrostete, verbogene und zerbrochene Lampenteile. Die Kisten waren zu Sägemehl geworden, man konnte stehend unter der Salzladung gehen. Das Salz war von dem Wasser unterspült und so hart wie Stein geworden. Als das Schiff klar für die Heimreise war, hatte ich das Pech, mir eine Geschlechtskrankheit aufzusacken. Wir schrieben damals das Jahr 1897. Es war mir nicht möglich, die lange Reise anzutreten, und musterte ab. Derartige Krankheiten wurden früher als selbstverschuldete Krankheiten behandelt. Der Reeder war davon entbunden, den Schiffsmann auf seine Kosten ärztlich behandeln zu lassen. Erst in den späteren Jahren hatte der Reeder für die Behandlung aufzukommen.

Mein Aufenthalt in Calcutta

Von Rangoon, wo ich keine gute ärztliche Behandlung bekam, fuhr ich mit einem englischen Passagierdampfer nach Calcutta. Ich zog in das Quartier im Seemannsheim (Sailors' Home), und es wurde mir ein sehr gutes Zimmer angewiesen. In demselben Gebäude war eine englische Navigationsschule, die ich fleißig besuchte. Meine Krankheit war bald auskuriert, und ich konnte mich nun um ein Schiff, das nach Europa fuhr, bekümmern. Das gelang mir leider nicht. Meine Barmittel waren durch die Krankenbehandlung, Medikamente und Unterkunft fast aufgebraucht. Denn, wie ich bereits erwähnte, mußte ich damals alles selber bezahlen. Aus diesem Grunde wendete ich mich um Unterstützung an den deutschen Konsul. Der Konsul konnte mich als hilfsbedürftiger Seemann nicht anerkennen, da ich, wie er sagte, mir eine selbstverschuldete Krankheit zugezogen hätte. Er wollte mir aber ein Schreiben an die »Society of Friends of Foreigners in Distress« mitgeben, mit Bemerken, daß mir dort bestimmt geholfen würde. Mit wenig Hoffnung trat ich den unangenehmen Weg an. Die Adresse des Schreibens führte mich zu einem großen Lagerhaus. Vor diesem Gebäude stand ein kleiner, alter Mann in einem schmutzigen Arbeitsanzug, der das Aussehen eines Juden hatte und auch ein solcher war. Nachdem ich ihm mein Schreiben gezeigt und gefragt hatte, ob es hier richtig wäre, bejahte er und führte mich in ein hochgelegenes Stockwerk in einen Raum voller gefüllter Säcke und ersuchte mich, auf einem Sack Platz zu nehmen. Jetzt entpuppte sich der unansehnliche Jude als Manager der »Society«. Nachdem er des Konsuls Schreiben gelesen, gab er mir die Hand und erkundigte sich nach meinem Befinden. Hier war nicht die Rede von selbstverschuldeter Krankheit, sondern sofortige, großherzige Hilfe! Der kleine Herr setzte sich mit dem Leiter des Sailor Home telefonisch in Verbindung und teilte demselben mit, daß die Society für alle meine Unkosten aufkomme. Außerdem erhielt ich 2 Rupees (4 RM) tägliches Taschengeld. Vier Wochen später wurde ich zu der Society gerufen. Dort wurde ich von demselben Herrn gefragt, ob ich mit dem deutschen Frachtdampfer »Lindenfels« als Erste-Klasse-Passagier nach Hamburg fahren wolle. Selbstverständlich willigte ich hocherfreut ein. Die Reise kostete 450 RM, die von der Society bezahlt wurden, ohne daß ich das Geld zurückzahlen brauchte. Der deutsche Konsul half mir nicht, aber der so sehr geschmähte Jude hat mir großmütig beigestanden.

An Bord des Dampfers »Titus« im Jahre 1898

In Hamburg musterte ich auf dem Dampfer »Titus«, Kapitän Stuhr, als Zweiter Offizier an. Es war eine schlechte Zeit und die freien Stellen rar. Meine Gage betrug 75 RM. Da das Schiff zwecks Reparatur an der Werft lag und keine Mannschaft an Bord war, wurde nicht gekocht, auch konnte ich an Bord nicht schlafen, da das Deck teilweise erneuert wurde. Diese Unkosten wurden uns beiden Offizieren nicht vergütet. Auf meine Bitte, mir Kostgeld zu zahlen, erhielt ich vom Reeder die Antwort »Sie haben doch 75 RM Gage«. In Anbetracht der schlechten Arbeitslage habe ich geschwiegen und bin darüber auch hinweggekommen, zumal das Verhältnis zwischen Kapitän und uns Offizieren ein vorbildliches war. Da ich fast ausschließlich auf Segelschiffen gefahren, erkannte ich bald, daß mit diesen Matrosen nicht viel los war, und so mußte ich alle seemännischen Arbeiten selbst verrichten.

Der »Titus« war ein Schiff von 800 tons und fuhr nach Nord- und Ostseehäfen. Der Kapitän, 60 Jahre alt, hatte seine Frau an Bord, welche darauf achtete, daß immer guter Proviant geliefert wurde und die Mannschaft zufrieden war. Das Verhältnis zu den Maschinisten war, wie es in der damaligen Zeit so oft vorkam, ein äußerst schlechtes. Der Erste Maschinist mit 2. Patent verdiente 200 RM, der Zweite Maschinist mit 4. Patent bekam 100 RM. Der Erste Offizier mit Kapitänspatent erhielt 75. Unsere Maschinisten erwähnten bei jeder Gelegenheit, daß sich der Verdienst nach den Leistungen und Kenntnisse richte. Die damaligen Maschinisten brauchten nicht viel Kenntnisse mitzubringen. Später, in der Weiterentwicklung der Dampf- und Motorschiffe, wurde natürlich viel mehr von einem Techniker verlangt, und sie hießen auch nicht mehr Maschinisten, sondern Ingenieure und waren Könner in ihrem Fache.

Eines Morgens sitzen der Kapitän, seine Frau und wir beiden Steuerleute beim Frühstück. Die Frau des Kapitäns bat mich, zur Pantry zu gehen, um mir von dem Kajütsjungen den Schinken, der dort unter Deck aufgehängt war, geben zu lassen. Der Junge sagte mir, daß der Schinken seit einiger Zeit verschwunden sei, er habe kürzlich einmal vergessen, die Tür abzuschließen. Ohne Schinken kam ich in die Messe zurück. Der Junge wurde gerufen und bekam vom Kapitän eine väterliche Züchtigung. Jetzt fiel mir wieder ein, daß ich am vorhergegangenen Tage sah, daß aus dem Bullauge (rundes Fenster) der Maschinistenkammer ein Schinkenknochen herausgeworfen wurde. Zufälligerweise sah ich es von der Brücke aus. Da wir eine sehr gute Verpflegung hatten, war es sehr unkameradschaftlich der Besatzung gegenüber und nebenbei noch Diebstahl.

Die Kohlenladung war gelöscht, und das Deck mußte gereinigt werden. Den Zweiten Maschinisten bat ich um »Wasser an Deck«. Derselbe war damit beschäftigt, auf dem Maschinen-Oberlicht die Messingumrandung der Bullaugen zu putzen. Nachträglich bat ich, mit möglichst viel Druck zu pumpen. Der Zweite Maschinist rief dem im Maschinenraum beschäftigten Heizer zu, die Pumpe anzustellen, aber nicht so viel Druck. Trotzdem hatte der Heizer auf hohen Druck angestellt und wurde daher von dem Maschinisten getadelt. Kurzentschlossen hielt ich den Schlauch auf den Ungefälligen, der, gänzlich durchnäßt, schleunigst unter Deck verschwand. Ich rief ihm nach: »Das ist für das Schinkenklauen.« Beide Maschinisten beklagten sich bei dem Kapitän, jedoch ohne Erfolg, da der Kapitän auf der Brücke den Vorgang beobachtet hatte.

Es war in einem schwedischen Hafen, als ich an Deck von der Brücke laut meinen Namen rufen hörte. Als ich darauf eiligst dahin kam, sah ich den Ersten Maschinisten und die Frau des Kapitäns. Die Frau beklagte sich über das Benehmen des Ersten Maschinisten, der sie anhaltend schwer beleidigt habe, und bat mich, ihm den Aufenthalt auf der Brücke zu verbieten. Der Leser könnte vielleicht fragen, was hat die Frau auf der Brücke zu suchen? Das Kartenzimmer war durch eine Treppe mit der Kajüte verbunden. Da dieser Raum ein heller, angenehmer Aufenthaltsplatz war, saßen der Kapitän und seine Frau dort im Hafen gerne. Auf die Bitte der Frau hin forderte ich den Ersten Maschinisten, da er dort nichts zu tun hatte, auf, die Brücke zu verlassen. Derselbe machte aber keine Anstalt, die Brücke zu verlassen, sondern maß mich mit verachtungsvollem Blicke. Meine nochmalige Aufforderung hatte auch keinen Erfolg, worauf ich ihn kurzerhand die Treppe hinunterwarf, wobei er sich seinen Fußenkel brach. Der Kapitän benachrichtigte die Reederei von dem Vorfall, und als wir in Kiel ankamen, mußte ich abmustern.

An Bord des Dampfers »Severus«

In Hamburg angekommen, ging ich zur Reederei, die mich zum Ersten Offizier ihres größten Dampfers beförderte. Es war der 10 000 tons große Fleischdampfer »Severus«, geführt von Kapitän W. Berndt. Das Schiff fuhr zwischen englischen Häfen und Argentinien (La-Plata-Häfen), um sowohl lebendes Rindvieh und Schafe als auch Schafe, eingepackt in Mull, in Eisräumen zu laden. Das Schiff löschte zur Zeit in Liverpool. Einige Tage später kam ich in Liverpool an. Es war Abend, als ich an Bord kam. Der Kapitän war am Lande und kam erst am nächsten Morgen zurück. Mein Bruder Otto war vor mehreren Jahren als Dritter Offizier an Bord gewesen. Mich hatte Kapitän Berndt noch in frischer Erinnerung behalten, von der Zeit, als ich als Matrose, 10 Jahre zurück, an Bord des Dampfers »Romulus«, geführt von Kapitän Berndt, gefahren hatte. Die Reederei hatte mir ein Schreiben an den Kapitän mitgegeben, welcher glaubte, meinen Bruder vor sich zu haben. Plötzlich stand er auf, sah mich erstaunt an und winkte entsetzt mit beiden Händen ab und sagte: »Nein, nein, um Gottes willen, nicht als Ersten Offizier, ich werde sie als Zweiten Offizier anmustern.« Da ich nun einmal an Bord war, blieb ich, außerdem dauerte die Reise nur vier Monate. Es kam ein anderer Erster Offizier, und ich blieb als Zweiter. Zwischen Kapitän und Erstem Offizier war kein gutes Verhältnis. Auf der Rückreise sagte Kapitän Berndt, er wolle mich für die nächste Reise als Ersten Offizier anmustern. Ich lehnte ab und ging nach Beendigung der Reise von Bord.

*An Bord der Bark »**Antigone**«, Kapitän Hökelmann, im Jahre 1899 bis 1900*

Es war meine Absicht, als Schiffsoffizier bei der Hamburg-Südamerikanischen Dampfschiffahrts-Gesellschaft zu fahren. Da ich beabsichtigte, in Kürze zu heiraten, wollte ich seßhaft werden und nicht mehr die langen Reisen machen. Der alte Herr Direktor Amsink war Reeder verschiedener guter Segelschiffe. Er sah es gerne, daß man zuvor auf einem seiner Schiffe als Steuermann fuhr. Wenn nach Beendigung der Reise der Kapitän dem Steuermann ein gutes Zeugnis ausstellte, so hatte man Hoffnung, bei der HSDG angestellt zu werden. Da keine Erste Steuermannsstelle frei war, musterte ich als Zweiter Steuermann für eine Gage von 85 RM an. Die Reise führte nach Iquique, an der Westküste Südamerikas. Das Schiff segelte zunächst nach Newcastle upon Tyne, um dort Kohlen und Koks für Antofagasta zu laden (Westküste Südamerikas). Das Schiff war ein guter Segler und machte die Reise in 87 Tagen, obwohl viel schweres Wetter zu bestehen war, so daß wir wochenlang kein trockenes Zeug hatten. Für die Matrosen war ein Kohlenofen in ihrem Logis. Die Offiziere hatten, wie auch auf anderen Segelschiffen, keinen Ofen in ihren Kammern. Die Verpflegung war gut. In Antofagasta löschte die Mannschaft, incl. Offiziere, die Ladung. Mehrere Wochen dauerte es, ehe solch ein Segelschiff entlöscht war. Nach der Entlöschung wurden die Laderäume und Bilgen gründlich gereinigt. Wir versegelten nach Iquique, eine Strecke von ca. 100 Seemeilen, nördlich von Antofagasta. Auf der Seereede von Iquique, ungefähr eine Seemeile vom Land entfernt, wurde geankert. In Leichterfahrzeugen wurde die Ladung Salpeter in Säcken längsseit des Schiffes gebracht. Nach 14tägiger Wartezeit fingen wir mit der Übernahme der Ladung an. Vermittels Handwinden wurden die Salpetersäcke aufgehievt, und zwar von der gesamten Besatzung, incl. Offiziere. Nur im Laderaum stauten zwei Berufsstauer die Säcke. Nach einigen weiteren Wochen war die »Antigone« beladen und seeklar. Der Salpeter war für Rotterdam bestimmt. Mit dem letzten Sack wurde ein Mann, die Nationalflagge schwingend, bis unter die Ladegaffel gehievt. Darauf trat die Mannschaft zum Besanschote-Anholen auf dem Achterdeck an. Besanschote anholen bedeutet, einen Schnaps empfangen. Das Schwingen mit der Nationalflagge unter der Ladegaffel war ein Signal an alle auf der Reede ankernden Schiffe, daß das Schiff beladen war. Das ist alter Brauch. Nach Feierabend werden dem beladenen Schiffe von allen anderen Seglern drei Hurras gebracht. Das am nächsten liegende Schiff schlägt ca. 1 Minute an seine Schiffsglocke und bringt, den Namen des beladenen Schiffes ausrufend, drei Cheers (Hurras) für dasselbe. Dann folgt das nächste Schiff dem ersten, bis alle, manchmal bis zu 20 Segelschiffe aller Nationen, die Hurras wiederhaben. Am nächsten Tage, in aller Frühe, kommen von mehreren Schiffen abkömmliche Leute an Bord, um beim Hieven des Ankers und Hissen der Segel behilflich zu sein. Mit Shanties (Gesang) der Seeleute geht die schwere Arbeit sehr leicht. Eine kurze Wegstrecke begleiten die Leute in ihrem eigenen Boot noch das ausgehende Schiff und wünschen eine gute schnelle Reise.

Nun waren wir wieder für eine längere Zeit mutterseelenalleine auf dem weiten Meer, mit all seinen Gefahren. Dampferverkehr gab es damals noch nicht in den Salpeterhäfen, ebenso kein Regen. Nach mehreren schweren Stürmen umsegelten wir Kap Horn. Meine Gummistiefel waren von dem vielen Tragen schadhaft geworden, daher hatte ich dieselben mit Segeltuch benäht und mit Braunteer und Rizinusöl eingeschmiert. Zum Trocknen hängte ich dieselben an Deck auf. Als die Stiefel trocken waren, nahm ich meine Stiefel von der Leine ab, wobei ich fühlte, daß dieselben ungewöhnlich schwer waren, und stellte fest, daß sie mit Menschenkot gefüllt waren. Sehr empört hierüber ging ich in das Mannschaftslogis, um nach dem Übeltäter zu forschen. Natürlich wollte es niemand getan haben. Stellte daher Einzelverhör an, mit dem Erfolge, daß zwei Leute einen Matrosen, den sie mir namhaft machten, bezeichneten. Als dieser Mann nach dem Abendessen an das Ruder gehen wollte, stellte ich ihn und fragte, ob er zugeben wolle, daß er der Schmutzfink sei, da lachte er mich aus. Empört ging ich auf ihn zu, um ihm die wohlverdiente Lektion zu erteilen. Der Lümmel griff jedoch nach einem Coffeynagel, ehe ich meinen Vorsatz ausführen konnte. Sofort entriß ich ihm den gefährlichen Gegenstand. Ein

Coffeynagel dient dazu, um Tauwerk daran zu befestigen, und wird aus hartem Holz oder Eisen hergestellt und hat die Länge eines Polizeiknüppels. Wegen seines heimtückischen Benehmens schlug ich in rasender Wut auf den Mann ein, so daß er bis kurz vor dem Bestimmungshafen dienstunfähig war. Der Matrose stellte bei der Abmusterung vor dem Konsulat in Rotterdam Strafantrag gegen mich und behauptete, meine Stiefel nicht beschmutzt zu haben. Meine beiden Zeugen wollten sich dessen nicht mehr erinnern. Der Konsul wollte mich mit einer größeren Geldsumme bestrafen. Zu meiner Verteidigung erklärte und verlangte ich, zu untersuchen und festzustellen, wer das Schwein gewesen ist, andernfalls nähme ich die Strafe nicht an. So kam es, daß die Mannschaft nicht abmustern konnte und wieder an Bord ging. Ich blieb an Land. Nach einigen Tagen suchte mich ein holländischer Heuerbaas in meinem Hotel auf und bot mir eine Zweite Offiziersstelle auf einem holländischen Dampfer an. Da ich von der »Antigone« noch nicht abgemustert war, konnte ich für den holländischen Dampfer nicht anmustern. Dem Kapitän der »Antigone« lag sehr viel daran, seine Mannschaft abmustern zu können, und er hatte daher dem Konsul vorgeschlagen, im Einvernehmen mit dem Kläger, mich mit 20 Reichsmark Schmerzensgeld zu bestrafen. Das Schmerzensgeld wurde von mir bezahlt, und ich musterte ab. Der damalige Matrose mußte eine Quittung ausstellen, in der er den Empfang des Schmerzensgeldes quittierte und weiter erklärte, mich gerichtlich nicht verfolgen zu lassen. Das Konsulat beglaubigte die Quittung.

Als die »Antigone« bei der Ausreise von Hamburg in Newcastle ankam, erhielt ich einen Brief von meiner Braut, in dem sie mir die traurige Nachricht von dem Ableben ihres Vaters mitteilte. Der Verstorbene war Tonnenleger gewesen. Über 200 Jahre war dieses Amt bereits in der Familie, daher solle ich unverzüglich nach Hamburg kommen, um den Posten zu übernehmen. Hocherfreut ging ich zum Kapitän, und bat um meine Entlassung. Das kann ich nicht ohne Ersatzmann, sagte er. Es wäre für mich eine gute Lebensstellung gewesen. In meinem Antwortschreiben bat ich, die Stellung für mich freizuhalten und einen anderen Herrn für ein Jahr damit zu betrauen. Jetzt, bei Ankunft in Rotterdam, erhielt ich von meiner Braut die Nachricht, daß sie seit einigen Wochen mit einem Ersten Ingenieur der HAPAG verheiratet sei. Sie schrieb: »Es wäre so schön gewesen, es hat nicht sollen sein!«

Die Reise nach Lagos (Westküste Afrikas) mit einem Barredampfer

Einst saßen wir vergnügt mit mehreren Segelschiffsteuerleuten bei Mutter Wittkamp, einer gemütlichen Seemannskneipe, beisammen. Jeder sollte von seinen Erlebnissen das Interessanteste zum besten geben. Der Älteste von uns begann die wahre Beschreibung einer Reise, die er mit einem Barredampfer von Hamburg nach Lagos im Jahre 1897 gemacht hatte. Ein Barredampfer ist ein Schiff von ca. 500 bis 600 Tonnen und bringt aus Häfen, die von tiefgehenden Dampfern nicht erreicht werden können, die Ladung auf die Seereede zu den Schiffen, und umgekehrt von denselben in die Häfen.

Der Erzähler begann: Von der Reederei wurde ich als

Alleinsteuermann angenommen und sollte mich dem Kapitän in einem Hotel am Pinnasberg in Hamburg vorstellen. Dort suchte ich den Kapitän, der seine Frau bei sich hatte, auf. Nachdem ich mich vorgestellt hatte, machte er mich mit seiner Frau bekannt. Und zwar mit den Worten »Min Stürmann, min Olsch«. Der Kapitän war ein großer und kräftig gebauter Herr. Den ersten Auftrag erhielt ich, indem ich um 6 Uhr morgen früh an Bord sein sollte. Er komme gegen 10 Uhr und erwarte, daß eine Flasche Rum an Bord sei, denn er sei es so gewohnt. Hierauf konnte ich mich verabschieden. Rechtzeitig trat ich meinen Dienst an und machte einen Rundgang durch das Schiff, das mir sehr gefiel, aber leider von Ratten wimmelte. Das Schiff lag an der Stülken-Werft. Dieses Schiff war mein erster Dampfer, bisher hatte ich auf großen Segelschiffen gefahren. Außenbords war der Dampfer mit einem Panzer von Austern und Muscheln bewachsen, die noch genießbar waren. An Bord waren zwei Maschinisten und Jack, der schwarze Steward aus Lagos. Um 10 Uhr kam der Kapitän an Bord, und Jack, der wohlerzogene, hatte heißes Wasser für den Grog bereit. Die Flasche hatten wir bald geleert, ich bekam wieder dieselbe Anweisung, und zwar eine neue Flasche für den nächsten Tag zu besorgen. Daraufhin verließ der Kapitän wieder das Schiff, und so ging es jeden Morgen. Der Dampfer wurde klassifiziert, gründlich überholt und innen und außenbords gestrichen. Es war ein großer Farbenvorrat an Bord. Der Maler machte gründlich Gebrauch davon und rüstete uns dafür reichlich mit Cognac und Bier für die bevorstehende Reise aus. Man brachte mir viele schöne Sachen, die ich in Afrika in Kommission verkaufen sollte, an Bord. Es waren Spieldosen, Uhren, Damenschmuck, Revolver und reichlich Munition.

Nach einigen Wochen verließ das Schiff den Hamburger Hafen. Zu Beginn lief die Reise normal, der Kapitän und ich lösten uns gegenseitig auf der Brücke ab. In der Nordsee herrschte dichter Nebel, und waren daher genötigt zu loten. Durch das Sprachrohr verständigte ich den Zweiten Maschinisten davon und stellte kurz darauf den Maschinentelegraf auf halbe Fahrt, und dann auf langsame Fahrt. Die Maschine machte aber immer noch dieselben Umdrehungen. Der Zweite Maschinist hatte bisher noch nicht auf einem Handelsschiffe gefahren. Bei der Entlassung von der Marine war er als Obermaschinisten-Maat zum Patent zweiter Klasse berechtigt worden. Auf Befragen, was er für eine Funktion gehabt habe, erwiderte er, eine Pumpe bedient zu haben, und die habe er auch immer blitzblank gehalten! Da ich des Lotens halber das Schiff stoppen mußte, blieb mir nichts anderes übrig, als den Ersten Maschinisten zu wecken. So erging es mir auch, als ein Wasserglas mit einem Knall zerbrach und Maschinist und Heizer vor Angst eiligst an Deck kamen. Der Zweite Maschinist glaubte, es sei etwas explodiert. So navigierten wir uns unbeschädigt in den englischen Kanal bis nach Casquets (Nordküste Frankreichs).

Bisher war ich einigermaßen pünktlich vom Kapitän abgelöst worden. Nachdem der Kanal hinter uns lag, wartete ich eines Abends vergebens auf meine Ablösung. Der schwarze Steward Jack kam mit dem Bescheid, ich solle zum Kapitän kommen, der mir sagte: »Was wollen sie auf der Brücke, wenn ein Mann am Ruder und einer auf Ausguck steht? Wir wollen jetzt ein Fest feiern, Casquets ist achteraus, und somit nichts mehr im Wege. Rufen sie den Maschinisten aus der Maschine, er soll mitfeiern«, und er fragte mich, wie derselbe denn heiße. Ich nannte den Nachnamen. »Wie ist sein Vorname?« fragte er daraufhin. Ich antwortete: »Julius.« Na, meinte der Kapitän, das dachte ich mir doch, denn alles, was etwas Besseres ist, heißt Julius, auch ich habe den Namen Julius. Es wurde tüchtig gezecht. Solch ein Saufgelage habe ich früher und auch in den späteren Jahren nicht wieder erlebt. Auch am nächsten Tage ging es so weiter. Verschiedene Tage wurden keine nautischen Beobachtungen gemacht und in das Tagebuch nichts eingetragen. Bei einem lichten Moment fragte mich der Kapitän, wo wir wären und welcher Tag es sei. Ich erwiderte darauf: »Donnerstag.« – »Nein«, sagte er. »Gestern haben wir die Casquets passiert, und das war Dienstag, also muß es heute Mittwoch sein.« Daraufhin wurde der Koch befragt, er müßte ja wissen, was er heute koche, da doch für jeden Tag ein bestimmtes Gericht gekocht würde; aber der Koch wußte es auch nicht. Das Unangenehmste war, daß der Chronometer stehengeblieben war. Aber ich hatte recht, es war Donnerstag. Auf der Brücke war im Pützenbord immer in einem gefüllten Wassereimer eine Flasche Cognac, das wußte auch der Zweite Maschinist Julius. Vermittels des Sprachrohres, von der Brücke nach der Maschine, fragte derselbe mich, ob noch etwas in dem Buddel wäre, ich möchte dann etwas in das Sprachrohr gießen, er würde es dann mit seinem Munde auffangen. So geschah es auch, und all der Grünspan und Schmutz ist ihm gut bekommen. Der Kapitän gab mir eines Morgens den Auftrag, ein Rettungsboot klarzumachen, mit Proviant zu versehen und die geistigen Getränke nicht zu vergessen, da sich das Schiff im sinkenden Zustande befinde. Wir wollen das Schiff verlassen. Es herrschte das denkbar beste Wetter, und der Dampfer war in einer guten, seetüchtigen Verfassung. Daher wollte ich nicht mitmachen und versuchte, es ihm auszureden. Jedoch vergebens. Das Boot wurde in Höhe der Reling gefiert und das Inventar überholt, wobei festgestellt wurde, daß die Szepter (Dollen) fehlten. Der Befehl, das Schiff zu verlassen, wurde abgeblasen. Später stellte sich heraus, daß die Szepter in der Kapitäns-Kammer waren.

Meine Kabine war an der Steuerbordseite im Salon. Eines Tages, ich hatte Freiwache, hörte ich im Halbschlaf ein anhaltendes Summen, aus dem Salon kommend, das manchmal lauter wurde, so daß das Lied zu verstehen war. Es war immer derselbe Text: »Ach, du lieber Augustin, Schopsködel sind kehn Rosihn«. Dadurch ganz munter geworden, kleidete ich mich an. Die Kammertür öffnend, sah ich den Kapitän, mit einem langen Knüppel versehen, auf dem Sofa sitzen. Auf der einen Seite des langen Tisches saßen die Matrosen, auf der anderen die Heizer. Zuerst dachte ich zu träumen. Der Kapitän schlug mit dem Knüppel den Takt zu dem schönen Liede. Wer nicht tüchtig mitsang, machte Bekanntschaft mit dem Taktstocke. Jeder hatte, um besser singen zu können, sein geistiges Getränk vor sich und in der Pause die Zigarre im Munde. Die Leute wurden von mir energisch aufgefordert, sofort zu verschwinden. Der Kapitän protestierte und sagte, er habe einen Schiffsrat abgehalten, und es sei beschlossen worden, den Steuermann in Eisen zu legen. Das war doch zuviel für mich! Aus meiner Kammer holte ich einen geladenen Revolver und forderte die Leute nochmals auf, den Salon zu verlassen. Viel

Eile zeigten sie nicht. Erst als von mir ein blinder Schuß abgegeben wurde, verdufteten sie schleunigst aus dem Salon, und ich begab mich wieder zur Ruhe.

Am Geburtstage des Kapitäns, es war nachts auf See, kam Julius zu mir auf die Brücke und teilte mir mit, daß heute des Kapitäns Geburtstag sei und wir ihm zur Feier des Tages einen Salut bringen müßten. Kurzentschlossen lud ich 10 Revolver mit je 5 Patronen. Das Geburtstagskind lag fest schlafend in seiner Kammer auf dem Sofa. Das Bullauge in seiner Kammer stand offen. Der Salut, die 50 Schuß, wurden über das Sofa durch das Bullauge abgefeuert, und als der Schlafende davon nicht aufwachte, folgten nochmals 50 Schuß, die ihn aber auch nicht weckten. Daraufhin ließ ich 10 Spieldosen, jede mit einem anderen Musikstück, zugleich spielen. Es war wie auf dem Hamburger Dom. Auch hiervon erwachte der Schläfer nicht.

Die Kapitäne und Steuerleute versahen auch den Lotsendienst in Lagos von der Reede in den Hafen, wenn dieselben nachweisen konnten, daß sie in einem bestimmten Zeitraume siebenmal die Barre passiert hatten. Als wir auf der Reede von Lagos ankamen, ging der Kapitän an Bord eines englischen Dampfers, um denselben in den Hafen zu lotsen. Unser Schiff bekam den Beachmaster der Faktorei als Lotsen an Bord. Dieser hatte wohl schon vorher das Pech gehabt, mit einem Schiffe auf Grund zu geraten. Deshalb warnte unser Kapitän denselben, das Schiff nicht auf Grund zu setzen, in solchem Falle würde er ihn bei Ankunft in Lagos erbärmlich verhauen. Der Beachmaster war ein kleines Kerlchen. Unser Kapitän hatte den Teufel an die Wand gemalt, denn kurz darauf lief unser Dampfer auf Grund, und wir mußten Hochwasser abwarten. Der englische Dampfer, auf dem unser Kapitän als Lotse auf der Brücke stand, lief wohlbehalten an uns vorbei.

Der Kapitän rief und drohte unserem Lotsen, indem er ihm unter anderem eine tüchtige Tracht Prügel versprach. Nach kurzer Zeit kam unser Schiff wieder flott. In Lagos angekommen, kam unser Kapitän sofort an Bord und jagte den Kleinen an Land, wo er denselben fürchterlich zurichtete. Der Agent und Bevollmächtigte der Reederei gab dem Kapitän seine sofortige Entlassung, auf die derselbe aber nicht im Geringsten reagierte. Ein Erster Offizier der Reederei »Witt und Bürch« wurde zur Ablösung an Bord geschickt, mußte aber schleunigst wieder an Land gehen, da der Kapitän ihn gewaltsam an Land beförderte. Auch nach mehrmaliger Aufforderung gab der Kapitän seine Stellung nicht auf und hat nach wie vor das Schiff weiter geführt. Das Wunderbarste war, daß dieser Schiffsführer immer glücklich, ohne jegliche Havarie gefahren war. Soweit die Erzählung meines älteren Kollegen.

Später, im Jahre 1906, fuhr ich als Passagier mit dem Woermann-Dampfer »Jeanette Woermann« nach Lagos, um auf dem Barredampfer »Ado« anzumustern. Da zur Zeit meiner Ankunft der Dampfer noch auf See war, mußte ich 14 Tage in einem Hotel zubringen. Bei einer großen Festlichkeit lernte ich eine schwarze Prinzessin, die die Tochter des schwarzen Vizekönigs war, kennen. Mit dieser schwarzen Lady verlebte ich viele vergnügte Stunden, nur schade, daß sie keine weiße Hautfarbe hatte. In Lagos gab es keine weißen Frauen, und von den Männern sind nur die Angestellten der deutschen und englischen Faktoreien Weiße. Beim Eintreffen des Dampfers »Ado« ging ich sofort an Bord. Es waren der Kapitän, zwei Maschinisten und ich die einzigen Europäer. Die übrige Besatzung bestand nur aus Negern. Das Schiff lag die meiste Zeit im Hafen von Lagos. Meine schwarze Prinzessin kam jeden Abend, das Gesicht verhüllt, in Begleitung von drei schwarzen Frauen an Bord. Daraufhin verschwand die Begleitung wieder, und am nächsten Morgen wurde meine coloured lady wieder abgeholt. Nach zwei Monaten bekam ich starkes Fieber und wurde in ein Krankenhaus gebracht. Zwei englische Pflegerinnen taten ihr Bestes, um mich wieder gesund zu machen. Obwohl jeder Krankenbesuch, der Ansteckung wegen, strenge verboten war, kam meine treue Freundin doch täglich zu mir, um meinen Kopf zu massieren. Das tat sehr wohl. Als ich einigermaßen wieder auf den Beinen war, trat ich meinen Dienst wieder an, da ich befürchtete, wieder fieberkrank zu werden. Der Dampfer »Präsident« der Ostafrika-Linie lag draußen auf der Seereede und fuhr in den nächsten Tagen nach Hamburg ab. Meiner Freundin hatte ich nicht mitgeteilt, daß ich Lagos verlassen würde, da sie mir sonst Schwierigkeiten gemacht hätte. Überall ließ sie mich suchen, ich war jedoch sicher an Bord des Dampfers »Präsident«. In Hamburg erhielt ich wunderbare Liebesbriefe aus Lagos. Immer wieder verlangte sie ein »Soon come back to me«.

An Bord der holländischen Bark »Anna Aleide«

In Amsterdam besuchte ich einen deutschen Apotheker, der früher Gehilfe in meines Vaters Apotheke gewesen war. Bei dieser Gelegenheit lernte ich die Klavierlehrerin, die der Frau des Apothekers Unterricht erteilte, kennen. Das

Fräulein wurde meine Braut. Die Eltern des jungen Mädchens gaben ihre Einwilligung unter der Bedingung, daß ich in Amsterdam die Navigationsschule besuchen sollte, um das holländische Kapitänsexamen zu machen. Aus diesem Grunde nahm ich für einige Monate an dem Unterricht teil. Da ich die holländische Sprache noch nicht genügend beherrschte, empfahl mir der Schuldirektor, kurz vor der Prüfung eine Reise nach Holländisch-Ostindien mit einem holländischen Segelschiffe, mit dessen Kapitän der Direktor befreundet war, als Zweiter Steuermann zu machen. Daran anschließend könne ich mich zur Prüfung melden. Da ich bereits seit mehreren Jahren das deutsche Kapitänsexamen bestanden hatte, würde es mir auch nicht schwerfallen. In Antwerpen musterte ich an für die Reise nach Soerabaya (Java). Während der Reise herrschte fast anhaltend gutes Wetter. In Soerabaya angekommen, wurde sofort mit der Entlöschung der Ladung begonnen.

Der Kapitän war Meister der Freimaurer-Loge und sagte mir mehrere Male, daß diese Reise seine letzte wäre. Von seinen Angehörigen wollte er bereits Abschied genommen haben. Da der alte Herr aber immer wohlauf war, verlachte ich ihn. Wenn ein holländisches Segelschiff in einem indischen Hafen ankommt, erhält der Kapitän für die Liegezeit einen Erholungsurlaub und eine anständige finanzielle Beihilfe. Es war der schöne, traditionelle Brauch auf holländischen Schiffen, daß bei Ankunft im Hafen der Kapitän für jedes Besatzungsmitglied ein Mädel an Bord schickte, das während des Aufenthaltes auf der Seereede gegen eine geringe Vergütung an Bord blieb. Die Mannschaft fuhr daher nicht an Land. Es wurde auch täglich Genever an Bord verabfolgt. Die Javanerinnen sind von kleiner, graziler Gestalt.

Ihre Hautfarbe ist hellbraun, mit einem bläulichen Hauch, daher sind sie allgemein als »blaue Maiden« bekannt. Wenn das Boot (Tambanger) mit den blauen Maiden längsseit kommt, suchen sich die Steuerleute zuerst ihre Maiden aus, dann der Koch, Zimmermann, Segelmacher und schließlich die übrige Mannschaft. Die blauen Maiden sind peinlich sauber, fleißig, verträglich und vernünftig genug, die Leute bei der Arbeit nicht zu stören. Mit Zeugwäsche, Ausbessern von Kleidern und Strümpfestopfen vertrieben sie sich die Zeit. Zum Feierabend sind sie ein angenehmer Zeitvertreib für die Leute. Der Koch bereitet für die Schönen ihre indische Mahlzeit. Die Maiden der Steuerleute sondern sich immer von den übrigen ab, sind stolz auf ihre Auswahl und essen auch nicht aus demselben Topf der anderen Maiden. Jeden Morgen kommt der Tambanger an Bord, um sich nach dem Wohlergehen der blauen Maiden zu erkundigen, und kassiert beim Ersten Steuermann die Gelder für die blauen Maiden. Wenn eine der Kleinen an Land will, weil ihr der Mann, oder umgekehrt, nicht gefällt, so darf an ihrer Stelle keine andere an Bord kommen. Dieses Gesetz wurde streng eingehalten, andernfalls würde eine recht bösartige Reiberei heraufbeschworen.

Als das Schiff entlöscht war, ging der Kapitän an Land, um die Fracht zu kassieren und mit dem Stauer abzurechnen. Spät in der Nacht brachte der Stauer, ein Einarmiger, den Kapitän in seinem Wagen längsseit des Schiffes. Unser Schiffsführer war ein bejahrter Herr, mochte aber gerne zeigen, wie flink er noch war. Das Schiff war leer und lag hoch aus dem Wasser an einer ausgebauten Brücke vertäut. Das Schiffsboot war an zwei Fangleinen befestigt, die achterste im Großmast und die vordere am Lande. Die Richtung des Bootes lief parallel mit der ausgebauten Brücke. Es war regnerisches Wetter und der steile Zugang zum Schiffe schmutzig und glatt. Der Kapitän, der jung und behende sein wollte, glitt aus, fiel ins Wasser und versank, da er des Schwimmens nicht kundig war. Der Stauer konnte nicht helfen und schrie aus Leibeskräften um Hilfe. Der Steward und ich hatten, der Hitze wegen, unsere Hängematten mittschiffs an Deck aufgehängt. Das Schreien hörend, sprang ich sofort aus der Hängematte und warf die Fangleine im Want los und lief an Land, um die zweite Fangleine zu lösen. Der Steward war ein guter Taucher. Obwohl es sehr dunkel war, konnten wir den Kapitän, der mit einem weißen Tropenanzug bekleidet war, gut sehen. Nach 2maligem Tauchversuche gelang es uns, den Verunglückten ins Boot zu ziehen. Unsere Wiederbelebungsversuche hatten Erfolg. Zufällig kam ein Militärarzt vorbei, der die Überführung des Kranken in ein nahebei gelegenes Militärgebäude verfügte und mich bat, bei dem Kapitän Wache zu halten und seine, mir von ihm erteilten, Instruktionen zu beachten. Obwohl der Kranke in den nächsten Tagen wieder mobil und gesprächig war, wurde er doch in ein Krankenhaus gebracht. In der Zwischenzeit hatten wir Ballast eingenommen und das Schiff seeklar gemacht. Der Erste Steuermann ging in das Krankenhaus, um dem Kapitän mitzuteilen, daß das Schiff seeklar sei. Zu unserer aller Freude erfuhren wir, daß der Kapitän morgen wieder an Bord zurückkäme, da er sich wohlfühle. Nachdem der Erste Steuermann das Krankenhaus verlassen hatte, hat unser Kapitän, gegen das strikte ärztliche Verbot, sich heimlich ein großes Beefsteak mit allem Drum und Dran von einem Wärter bringen lassen. Da der Kranke ca. 14 Tage keine feste Speise hat zu sich nehmen dürfen und daher sehr hungrig war, fiel er gierig über die Mahlzeit her und sank nach wenigen Minuten tot zu Boden. Noch am gleichen Abend erhielten wir durch einen Boten die Nachricht vom Ableben unseres Kapitäns. Der Verstorbene hatte in Soerabaya viele Freunde und bekam daher ein festliches Begräbnis. Telegrafisch wurde die Reederei von dem Tode unseres Führers unterrichtet. Einige Tage später kam die Nachricht der Beförderung des Ersten Offiziers zum Kapitän und ich zum Ersten Offizier. Die Effekten des Verstorbenen wurden von einem Freimaurer an Land gebracht.

Auf der Reise nach Sydney (Australien) mußte ich eines Nachts auf meiner Freiwache an Deck, um meine Notdurft zu verrichten. An Steuerbord voraus, im Winkel von ca. 20 Grad, erblickte ich das rote Feuer eines unseren Kurs kreuzenden Segelschiffes. Wir waren ausweichpflichtig. Obwohl das Feuer zusehends näherkam, wurde von dem Kapitän, der die Wache hatte, nichts unternommen, dem entgegenkommenden Schiffe auszuweichen. Daher machte ich ihn darauf aufmerksam, lief selber zum Steuerrad und legte das Ruder hart Steuerbord. Es war die allerhöchste Zeit, denn das Schiff passierte uns unheimlich nahebei an Backbord. Der Kapitän, der immer schon mit den Augen kränkelte, hatte das rote Feuer nicht gesehen und der Rudersmann auf den Kompaß gedöst. Bei Ankunft in Sydney war sein Augenleiden schlimmer geworden, so daß er seinen verantwortungsvollen Posten aufgeben mußte. Nach Übernahme der Führung des Schiffes durch mich habe ich als Kapitän noch über ein Jahr das Schiff geführt. Als das Schiff in England ankam, mußte ich leider die Stelle als Kapitän abgeben, da ich kein holländisches Patent besaß.

Auf dem Dampfer »Industrie«

Da ich kürzere Reisen machen wollte, musterte ich als Steuermann auf dem Dampfer »Industrie«, der in Köln beheimatet war, an. Das Schiff fuhr von Köln, Düsseldorf, Ruhrort nach Rotterdam und London. Wir waren längere Zeit in den Häfen als in Fahrt und somit mehr Hafenarbeiter als Seemann. Die Gage und die Verpflegung ließen sehr zu wünschen übrig. In Ruhrort war ich eines Abends an Land gegangen, und besuchte ein Kabarett, wo ich die Bekanntschaft eines Maschinisten der Neptun-Linie machte. Auf dem Heimwege gingen wir den einsamen Weg zusammen und stimmten ein lustiges Lied an. Aus dem Dunkeln trat uns plötzlich ein Polizeibeamter entgegen, schnauzte uns in einem Kasernenhofton an und stieß mich vor die Brust und sagte: »Halten sie die Schnauze.« Nachdem ich von ihm angegriffen war, setzte ich mich zur Wehr. Wir beide nahmen ihm die Waffe ab und zerbrachen seinen Säbel. Er pfiff sofort auf seiner Trillerpfeife, worauf ein zweiter Polizist angelaufen kam. Aber wir hatten uns in der Zwischenzeit aus dem Staube gemacht. Unsere Heizer kamen kurz darauf auch singenderweise des Weges, wurden auch angehalten und mußten mit zur Polizeiwache. Dort angekommen, wurden sie gefragt, ob sie wüßten, wer die beiden vor ihnen gewesen wären, sie nannten meinen und den Namen des Schiffes. Am nächsten Morgen sollte das Schiff seine Reise nach Rotterdam und London antreten. Als der Kapitän an den Kai gegangen war, um nach dem Tiefgang des Schiffes zu sehen, sprach ihn ein höherer Polizeibeamter an. Mit dem Finger auf mich zeigend, fragte er den Kapitän, ob ich der Steuermann sei, der in der letzten

Nacht einen Polizeibeamten angegriffen hätte, und forderte ihn auf, mich an Land zu rufen. Da ich Böses ahnte, leistete ich keine Folge, denn ich wußte, daß man mich verhaften wollte. Das Schiff war seeklar, der Kapitän schaltete auch in meinem Sinne, und wir verließen in aller Eile den Hafen. Wir fuhren mit äußerster Kraft, und viel zu spät kam eine Polizeibarkasse hinter uns her, die uns aber nicht mehr erreichte. In London war für den Kapitän ein Telegramm der Ruhrorter Polizei eingetroffen, das besagte, der Steuermann sei mit nach Köln zu nehmen, wo die Behörde verständigt war. Aus diesem Grunde meldete ich mich krank und bat, abgemustert zu werden. Der Kapitän versprach mir, daß ich auf der Rückreise in Rotterdam an Land gehen könne. So geschah es auch. Die Polizei hatte das Nachsehen und wird heute wohl kaum noch auf mich warten.

Spanien-Reisen mit dem Dampfer »Orconera« 1902 bis 1904

In Rotterdam musterte ich auf dem Dampfer »Orconera« als Erster Offizier an. Das Schiff gehörte zur Reederei Krupp und wurde von dem Kapitän Bartels geführt. Das Schiff fuhr zwischen Rotterdam und Bilbos (Spanien), um Eisenerz zu laden. Die zwei Jahre, welche ich auf diesem Dampfer bedienstet war, sind mir eine Erholung gewesen. Die Verpflegung war vorzüglich und das Verhältnis zwischen Kapitän, Offizieren, Maschinisten und Mannschaft das denkbar beste. Leider fuhren nur zwei Schiffe für die Krupp-Reederei, daher bestand für mich keine Aussicht, in den nächsten Jahren Kapitän zu werden. Mein Bruder,

der als Erster Offizier bei der Reederei »De Freytas« fuhr, überredete mich, meine Stellung aufzugeben und mich in Hamburg bei derselben Reederei zu melden. So musterte ich von der »Orconera« ab und fuhr nach Hamburg. Die Hamburger Reederei stellte mich auch an, aber diesen Schritt habe ich später sehr bereut.

Mittelmeer-Reise mit Dampfer »Byzanz« im Jahre 1904

In Hamburg musterte ich als Erster Offizier auf dem Dampfer »Byzanz« an. Das Schiff gehörte zur Reederei »De Freytas« und fuhr zwischen Hamburg und den Mittelmeerhäfen. Die Gagen waren noch miserabel. Als Erster Offizier verdiente ich 130 RM monatlich. Hiervon eine Familie zu ernähren, war fast unmöglich, daher habe ich mich noch nicht entschließen können, in den Ehestand zu treten. Die Mittelmeerreisen dauerten 10 Wochen. Die Ersten Offiziere auf diesem Schiffe wechselten fast nach jeder Reise, da der Kapitän jedesmal einen Grund, der nicht stichhaltig war, zur Entlassung fand. Mehrere Male hörte ich, daß er den Ersten Maschinisten der Lüge bezichtigte. Der Maschinist schwieg dazu, da er einem Streit aus dem Wege gehen wollte. Mir gegenüber äußerste sich der Kapitän einmal sehr abfällig über den Maschinisten und erwartete von mir, das gleiche zu tun. Das wäre aber sehr ungerecht gewesen, da ich den leitenden Maschinisten als einen friedlichen, ruhigen und umsichtigen Mann kennengelernt hatte. Das erklärte ich dem Störenfried, und fügte hinzu, daß er mit mir keinesfalls derartig verfahren dürfe.

In Hamburg bekam jeder Angestellte ein Schreiben von der Reederei, daß es sowohl in Hamburg als auch im Auslande niemandem gestattet sei, Frauen an Bord zu empfangen, mit Ausnahme der Ehefrauen, jedoch nicht am Abfahrtstage. Bei Ankunft in Algier kam ein Boot längsseit, um an die Mannschaft seidene Kleiner und Tücher zu verkaufen. Auch eine Händlerin versuchte, an Bord zu kommen, wurde aber von mir, gemäß dem Reedereischreiben, zurückgewiesen. Der Kapitän kam dazu und verlangte von mir, ihr den Zugang zu gestatten. Er, der Kapitän, wolle es schon verantworten, und somit kam die Händlerin an Bord. Die Händlerin verschwand auch gleich in die Mannschaftsräume und setzte ihre Ware um. Es war in Algerien bisher Brauch gewesen, daß die Frau nach dem Verkauf ihrer Ware dem Kapitän ein seidenes Kleid und dem Ersten Offizier ein seidenes Tuch in die Kammer brachte, ohne dafür Bezahlung zu verlangen. Die Rechnung für die Mannschaft beglich der Kapitän von dem Guthaben der Leute. Die Geschenke wurden von der Besatzung, ohne es zu wissen, durch Aufschlag der Ware beglichen. Auch ich fand ein großes Umschlagetuch in meiner Kammer vor, welches ich selbstverständlich in ihr Boot warf. Die Händlerin blieb noch verschiedene Stunden zur Unterhaltung in der Kajüte, natürlich bei offener Tür. Der Kapitän schickte den Steward zum Ersten Maschinisten und mir, um uns zum Frühschoppen in den Salon einzuladen. Als ich sah, daß die dicke Händlerin noch anwesend war, nahm ich die Einladung nicht an. Auf die Frage, warum ich seine Einladung zurückweise, antwortete ich, daß mir die unerlaubte Gesellschaft nicht passe.

Abends war das Schiff seeklar, nur die hintere Ladeluke

mußte noch geschalkt werden. Den Zweiten Offizier betraute ich mit dieser Arbeit. Wenn das erledigt, solle er mit der Dampfpfeife das Lotsensignal geben. Ich selber ging in meine Kammer, um noch Eintragungen in das Ladebuch und Stauplan zu machen. Der Zweite Maschinist, früher auf einem anderen Schiffe mein Schiffskamerad, suchte mich in meiner Kammer auf. Die Tür war offen, die Portiere zugezogen. Kurz zuvor hatte der Zweite Offizier das Lotsensignal gegeben. Da der Lotse noch nicht kam, blieben wir noch in der Kammer. Die Treppe des Niederganges zum Salon und Offizierskammern waren mit Läufern belegt und dämpften jedes Geräusch, so daß wir das Kommen des Lotsen überhörten. Dem Zweiten Offizier hatte das Warten auch zu lange gedauert, und war eingeschlafen, er konnte mich somit nicht von der Ankunft des Lotsen in Kenntnis setzen. Plötzlich riß der Kapitän meine Portiere auf, so daß mehrere Ringe des Vorhanges herunterfielen, und regte sich auf, daß ich das Kommen des Lotsen nicht gehört habe, worauf ich ihn höflich, aber energisch aufforderte, den Vorhang wieder in Ordnung bringen zu lassen, was er auch befolgte. Nachdem die Ladebücher aufgeräumt waren, ging ich an Deck, um Anker zu hieven. Da ich vom Licht ins Dunkle kam, sah ich den Kapitän und Lotsen nicht vor der Niedergangstür stehen. Der Kapitän ging gleich auf mich los, umklammerte und verdrehte mein Handgelenk. Als er meiner Aufforderung, meine Hand loszulassen, nicht nachkam, versetzte ich ihm mit der freien linken Faust einen gewaltigen Schlag. Kümmerte mich aber nicht weiter um den Kapitän, sondern ging auf die Back zum Ankerhieven. Als der Anker auf und nieder war, gab ich das gebräuchliche Signal mit der

Schiffersglocke, ohne eine Antwort von der Brücke zu bekommen. Der Zweite Offizier hatte die erste Wache. Ehe ich zur Ruhe ging, wollte ich noch mit dem Kapitän, der auf der Brücke war, eine Aussprache erzwingen. Auf meine Frage, wie er dazu gekommen sei, mich anzugreifen, sagte er kurzerhand, ich habe ihn zuerst überfallen, ich löge. Statt seine schlechte, feige Handlung zuzugeben, nannte er mich einen Lügner, wie er den leitenden Maschinisten so häufig beleidigt hatte. Über diese Unverfrorenheit auf's äußerste empört, habe ich ihm eine fürchterliche Tracht Prügel verabfolgt und zu gleicher Zeit heimgezahlt, was er meinen Vorgängern zuleide getan.

Das Schiff lief mehrere Mittelmeerhäfen an, um zu löschen und gleichzeitig wieder Stückgüter für Hamburg an Bord zu nehmen. Im Verlaufe der weiteren Reise kamen keine Streitigkeiten mehr vor, im Gegenteil. Das Weihnachtsfest, Silvester und Neujahr wurde im besten Einvernehmen gefeiert. Der Kapitän lud den Ersten Maschinisten und mich zur Weihnachtsfeier ein. Der Zweite Offizier übernahm die erste Nachtwache, und der Kapitän ließ es sich nicht nehmen, meine Mittelwache zu übernehmen. Wir beide hatten, im Beisein des Ersten Maschinisten, die Folgen unseres außergewöhnlichen Streites besprochen und versprachen uns gegenseitig, der Reederei keine Mitteilung zu machen. Einer von uns beiden sollte in Hamburg seine Stellung aufgeben. Da der Kapitän Familienvater und ich ledig war, erklärte ich, in Hamburg abzumustern. Darauf tranken wir beide Brüderschaft!

Als wir in Hamburg ankamen, lagen mehrere Dampfer der Reederei am Ladekai. Mein Bruder war Erster Offizier des Dampfers »Achaia«, zur selben Reederei gehörig. Der

Kapitän und mein Bruder waren alte Bekannte. Meinem Bruder war bereits Mitteilung über den Streit gemacht worden, und verurteilte natürlich meine Handlungsweise. Der Personalinspektor kam an Bord, begrüßte uns, erkundigte sich nach dem Verlauf der Reise und suchte den Kapitän im Salon auf. Die erste Frage, ob er diese Reise mit dem Ersten Offizier zufrieden gewesen sei, bejahte er nicht nur, sondern lobte mich als einen guten Nautiker und umsichtigen Seemann, jedoch wolle ich nicht an Bord bleiben und habe bereits gekündigt. Auch wollten und könnten wir beide nicht mehr zusammen fahren. Das konnte der Inspektor nicht begreifen und sagte: »Der Erste Offizier ist, wie sie selber sagen, ein tüchtiger Mann, und dennoch können sie nicht mit ihm zusammen fahren. Das ist mir unverständlich, aber wir wollen ihn auf alle Fälle behalten. Sein Bruder vom Dampfer ‚Achaia' kann die Stellung mit ihm wechseln.« Darauf wurde ich in den Salon gerufen, während der Kapitän an Deck ging, um sich mit meinem Bruder zu unterhalten. Mein Versprechen habe ich gehalten und über das Vorgefallene nicht gesprochen. Mein Bruder wurde aufgefordert, mich abzulösen, hat es jedoch leider abgelehnt. Mir wurde anheimgestellt, die Ersten Offiziere auf den anderen zur Reederei gehörigen Schiffen aufzusuchen, um mit einem der Herren die Stellung zu wechseln. Da mein Kapitän allgemein dafür bekannt war, jede Reise einen anderen Ersten Offizier zu haben, wollte keiner das Risiko übernehmen, obwohl ich erklärte, daß er jetzt ganz anders eingestellt sei.

Meuterei an Bord des Vollschiffes »Melpomene« 1904

Als Erster Offizier des Vollschiffes »Melpomene« der Reederei B. Wencke Söhne musterte ich in Hamburg an, zu einer Gage von 150 RM für eine Reise nach England, weiter nach Iquique und zurück. In Port Talbot (England) sollten wir Kohlen und Koks laden. Widrige, stürmische Winde erwarteten uns in der Nordsee, daher kamen wir erst nach 23 Tagen im Bestimmungshafen an. In der Bucht vor der Einfahrt hatten verschiedene Schiffe Havarie gemacht, auch wir verloren den Backbord-Anker mit 45 Faden Kette. In die Seekarte hatte ich, durch Kreuzpeilungen, die genaue Stelle, an der der Anker lag, eingetragen. Außer der »Melpomene« lag auch die zu derselben Reederei gehörende Viermastbark »Athene« als Havarist im Hafen. Der Inspektor kam von Hamburg zur Besichtigung der Schäden nach England. Es wurde mir ein speziell dafür eingerichtetes Fahrzeug zur Verfügung gestellt, um unseren Anker und Ketten zu fischen. Nachdem mehrere, anderen Schiffen gehörende Ketten gehoben, glückte es, auch unseren Anker und Kette zu bergen und wieder an Bord zu bringen.

Das Schiff lag an den Pfählen vertäut und wartete auf Order, an die Kohlenschütte zu holen, um zu laden. Das Wetter war schlecht, es wehte ein starker Wind, und es bestand die Gefahr, daß das Schiff sich von seinen Vertäuungen losreißen würde. Aus diesem Grund sollten nach dem Mittagessen die Leute zutörnen, um vorne und hinten noch eine Vertäukette festmachen zu lassen, während ich mit schriftlichen Arbeiten beschäftigt war. Da ich aber gar kein Geräusch an Deck hörte, ging ich an Deck und fragte den Zweiten Steuermann, warum er die Leute nicht zugetörnt habe. Er antwortete: »Obwohl ich zweimal zur Arbeit aufgefordert habe, sind die Leute doch nicht aus ihrem Logis gekommen.« Daher ging ich nun selber vor das Mannschaftslogis und rief einmal: »Törn to«, worauf die Leute sofort Deck kamen. Von mir zu Rede gestellt, weshalb sie der Aufforderung des Zweiten Offiziers nicht nachgekommen wären, antwortete man mir: »Wenn dat nicht satt to oten gifft, hebben wi dat nich so ihlig mit de Arbeit.« Bisher hatte ich die Leute als fleißige und tüchtige Seeleute kennengelernt. Die Matrosen hatten einen Jungen mit der Blechback zum Koch geschickt, um noch etwas Essen nachzuholen. Leider hatte der Koch nichts mehr von der guten Bohnensuppe und erklärte, der Specksnider habe ihm nicht genügend Bohnen herausgegeben und ihm gesagt, daß er mit dem Proviant 40 Wochen auskommen müsse. Die Matrosen haben jedoch, laut Speisekarte, Hülsenfrüchte zur Sättigung zu beanspruchen. Die Matrosen wurden von mir wieder in ihr Logis zurückgeschickt, mit dem Bescheid, daß ich ihnen sofort etwas zu essen bringen lasse. Da der Kapitän nicht an Bord war, verantwortete ich das selbst. Die Frau des Kapitäns saß im Salon, als ich durch den Salon und Kapitänskammer in die Badekammer ging, um einen der dort aufgehängten Schinken herunterzuholen. Die Frau meinte: »Das will mein Mann aber nicht haben.« Darauf sagte ich: »Ihr Mann ist nicht hier und sie sind nicht sein Vertreter, sondern ich. Im übrigen verbitte ich es mir, daß sie ihre Nase in etwas hineinstecken, das sie nichts angeht.« Der Schinken, frisches Brot und eine

Dose dänische Butter wurde in das Logis gebracht, worauf die Leute sofort an Deck kamen. Als der Kapitän später an Bord kam, wurden ihm sofort allerlei Meldungen gemacht, von denen er mir nichts mitteilte.

Nach der Übernahme der Kohlenladung wurde die Reise nach Iquique, rund um Kap Horn, angetreten. Wir hatten eine besonders tüchtige Mannschaft. Als die größte Strecke der Reise zurückgelegt war, hatte ich das Unglück, beim Frieren der Vorbrassen auszugleiten und auf einen eisernen Decksbolzen zu fallen, wobei ich mir mehrere Rippen brach und eine Leberkontusion erlitt. Es war sehr schmerzhaft und konnte daher leider meinen Dienst nicht mehr versehen. Nach schweren Stürmen um Kap Horn erreichten wir nach 80tägiger Reisedauer den Bestimmungshafen. Die Schiffe müssen, da der hohen Brandung wegen an der Kai keine Lösch- und Lademöglichkeit besteht, auf der Reede löschen und laden. Obwohl täglich die Quarantäne-Flagge für den Hafenarzt gehißt war, kam derselbe erst nach einer Woche an Bord. Auf meinen Wunsch, eine körperliche Untersuchung vorzunehmen, erklärte der Arzt, keine Zeit zu haben, weshalb ich ihn von Bord jagte. Dieser Hafenarzt wurde von den Seeleuten allgemein »Castor-Oil-Jack« genannt, weil er für jegliche Krankheit Rizinusöl verschrieb. An Land war ein guter deutscher Arzt, der mich gründlich untersuchte und mir riet, in das Krankenhaus zu gehen. Es war aber unter den Seeleuten bekannt, daß man selten aus diesem Krankenhaus lebend wieder herauskommt. Der Konsul riet mir ab. Meine Bitte, mir das schriftlich zu geben, lehnte der Konsul jedoch ab. Die Kohlenladung wurde von der Mannschaft gelöscht. Der Kapitän bestand darauf, daß ich in's Krankenhaus solle, da eine andere ärztliche

Behandlung nicht bezahlt würde. Laut Gesetz kann nur der Kapitän eine private Pflege verlangen, behauptete er. Nach der Abmusterung quartierte ich mich am Lande ein und ließ mich auf eigene Kosten behandeln.

An einem Sonntagmorgen kam ein Schiffsjunge der »Melpomene« zu mir und fragte, was er machen solle, da die Polizei ihm nicht erlaube, an Bord zurückzufahren, weil auf dem Schiffe eine Meuterei ausgebrochen sei. Bei der Ausreise von Hamburg war es der Reederei nicht möglich gewesen, einen dritten Offizier zu bekommen, weshalb ein junger Mann ohne Steuermannspatent an Bord gekommen war und als Bootsmann angemustert hatte. Die Mannschaft und ich hatten geglaubt, daß er ein geprüfter Mann sei. Das sollte der ganzen Besetzung zum Verderb werden.

In Iquique, an einem Sonntag, befand sich der Kapitän vormittags an Bord der in der Nähe ankernden Viermastbark »Athene«, der Zweite Offizier am Lande und ich krank in meinem Landquartier. So war unerlaubterweise kein Offizier an Bord. Der Pseudooffizier (in Wirklichkeit der Bootsmann) spazierte stolz auf dem Achterdeck. Ein alter schwedischer Matrose rief einem, auf einem in der Nähe liegenden Schiff, ihm befreundeten Matrosen laut etwas zu, das der Bootsmann, wohlberechtigt, ihm verbieten konnte. Die Art und Weise jedoch, wie er es tat, stand dem Nichtoffizier aber nicht zu. In einem herausfordernden Tone rief er von dem Achterdeck: »Holen sei er Muhl.« Da es jeder bereits an Bord wußte, daß der Mann kein Patentinhaber war, wurde seinen unverschämten Worten kein Gehör geschenkt. Ein Matrose ging nach hinten und stellte unseren Hein-Großmaul zur Rede, es artete zu Tätlichkeiten aus, wobei der Bootsmann eine tüchtige Abreibung bekam und in die Kammer flüchtete. Bald darauf hißte er die Polizeiflagge, das der Kapitän auf der »Athene« bemerkte und eiligst mit einem Boot an Bord kam. Ein Matrose holte die Polizeiflagge wieder nieder. Auf dem Vordeck entwickelte sich zwischen Kapitän und Mannschaft ein aufgeregter Wortwechsel, der damit endete, daß der Kapitän über Bord geworfen wurde. Schwimmend erreichte er die »Athene«, wo er seine nasse Kleidung wechselte und dann an Land fuhr, um beim deutschen Konsul Hilfe zu erbitten. Die Polizei wurde alarmiert und fuhr vollbesetzt in mehreren Booten nach der »Melpomene« ab. Dort wurde den Uniformierten ein heißer Empfang bereitet und entwaffnet von Bord gejagt. Auf Deck lagen haufenweise große Kohlenstücke von der Ladung, mit denen wurden die Boote bombardiert und erlitten viel Schaden. Die Polizei mußte unverrichteter Sache umkehren und erreichte mit ihren lecken Fahrzeugen, entwaffnet, die Landestelle. Jetzt wurde Militär auf die »Melpomene« losgelassen. Inzwischen hatte ich mich, auf Stöcken gestützt, zur Landestelle begeben, um Näheres zu erfahren. Hier war das Militär bereits eingetroffen, auch der deutsche Konsul war anwesend und fuhr mit den Soldaten ab. Auf großem Abstande rief der Konsul das Schiff an, und forderte im Namen des deutschen Kaisers, sich widerstandslos zu ergeben. Diesem Befehl wurde Folge geleistet. In Booten wurde die ganze Mannschaft an Land gebracht. Nur, der die Veranlassung zu dem schweren Vergehen war, blieb an Bord als Pseudo-Steuermann. Um den Vorgang bei der Landung der Boote beobachten zu können, hatte ich mich, um ungesehen zu bleiben, hinter den Konsul gestellt. Von weitem hörte ich die Leute das bekannte Lied singen »Hest du dat Hamborger Fischwief nich sehn?«. Bei der Landung der Mannschaft wurde ich doch von ihnen entdeckt, und sie begrüßten mich mit einem dreifachen Hurra. Die Leute brachten 40 Tage im Gefängnis zu, und drei Leute wurden mit einem Dampfer der Kosmos-Linie nach Hamburg befördert und wegen Meuterei zu mehreren Jahren Zuchthaus verurteilt. Das alles wegen eines Gernegroßes ohne Patent. Die Mannschaft ging wieder an Bord und machte die Reise ohne Vergütung. Nach mehreren Jahren habe ich einige Leute als Schiffsoffizier und Kapitäne wiedergesehen.

Als ich einigermaßen wiederhergestellt und in Iquique keine Stellung zu bekommen war, fuhr ich nach Pisagua und musterte als Second Mate (Zweiter Offizier) auf einem englischen Vollschiff »Cumbermere« an. Bei Kap Horn hatten wir, wie gewöhnlich, schwere Stürme zu bestehen und kamen nach 90 Tagen in Philadelphia an. Der Kapitän hatte seine Frau an Bord, und dieselbe hatte das Glück, am Tage des Eintreffens im Hafen von einem Kinde entbunden zu werden. Nachdem ich abgemustert, fuhr ich nach New York und von dort mit einem Norddeutschen Lloyddampfer nach Bremerhaven und Hamburg.

Wieder in Hamburg

Ende November 1904 traf ich wieder in Hamburg ein, verbrachte dort einige Wochen und hatte endlich Zeit zu heiraten.

Die Reise mit einem Saugbagger nach Swakopmund (DSWA)

Als im Jahre 1904 die südafrikanischen Eingeborenen, die Hereros und Owambos, aufständisch gegen die deutsche Regierung wurden, sah sich Deutschland gezwungen, mit Waffengewalt den Gehorsam wiederherzustellen. Die Woermann-Linie, die in Swakopmund eine Niederlassung hatte, wurde beauftragt, mit ihren Schiffen Kriegsmaterial, Lebensmittel und Truppen nach Swakopmund zu befördern. Es war nötig, auch noch andere Schiffe zu chartern. Der Hafen Swakopmund liegt an einer offenen, freien Küste, und die Schiffe konnten noch nicht, wie in anderen Häfen, ihre Ladung am Kai löschen. Bei auflandigem Winde herrscht eine besonders hohe Dünung. Daher ankerten die Schiffe in angemessenem Abstande von der Küste. Nur bei sehr ruhigem Wetter können Leichterfahrzeuge, die von den großen Schiffen auf der Reede beladen wurden, an einer weit ausgebauten Brücke ihre Ladung landen. Für gewöhnlich mußte die wertvolle Ladung in Brandungsbooten durch Neger an den Strand geschafft werden. Bei dieser Gelegenheit gingen häufig Boote und Ladung verloren und Menschenleben gefährdet. Wegen all dieser Unannehmlichkeiten und verursachten großen Schäden hatte man in einiger Entfernung der Ladebrücke eine lange rechtwinklige Mole erbaut, um dort vermittels Dampfkränen die Ladung aus den Leichtern auf die Mole zu expedieren. Das nun entstandene Hafenbecken war so stark versandet, daß zuletzt keine Fahrzeuge mehr an der Mole anlegen konnten. Daher beschloß die deutsche

Regierung, das Hafenbecken ausbaggern zu lassen, und setzte sich mit der Bremer Baggergesellschaft Folker, Boss & Ficke, eine deutsch-holländische Firma, in Verbindung. Es wurden zwei Saugebagger seetüchtig gemacht, später folgte noch ein Greifbagger. Mir wurde die Führung des ersten Baggers übertragen. Die 13köpfige Mannschaft waren Deutsche und Holländer. In Stettin-Grabow wurde das Schiff mit allem für die Reise Nötigem ausgerüstet. Nach gut verlaufener Überfahrt langten wir auf der Reede von Swakopmund an, wo wir mit Hilfe von zwei Schleppern in das Hafenbecken geschleppt wurden. Kaum war die erste neue 3-Zoll-Stahltrosse auf der Mole befestigt, als auch schon dieselbe, hervorgerufen durch die hohe Dünung im Hafenbecken, zerriß. So erging es uns auch mit den Manilatrossen. Wie schon erwähnt, durch die in das Hafenbecken hereinlaufende Brandung was das Schiff durch gebräuchliche Festmachertrossen nicht zu halten. Es wurden uns von der Woermann-Linie dicke neue Grastrossen zur Verfügung gestellt. Nach einigen Tagen war alles soweit vorbereitet, daß mit dem Baggern begonnen werden konnte. Inzwischen waren auch sieben Baggerschuten in Swakopmund eingetroffen. Ein Woermann-Dampfer hatte dieselben in Schlepptau von Deutschland nach hier überführt. Die Schuten wurden nun von unserem Bagger voll Sand gepumpt und unser Schlepper brachte die Schuten ein gutes Ende von der Küste fort, um sie auf See zu entleeren. Außerhalb der Mole baggerte Bagger 2 und entführte den Sand selbst eine gute Strecke vom Lande entfernt. Wie schon gesagt, es war nur möglich, bei ruhigem Wetter zu arbeiten, da man sonst Gefahr lief, das Saugerrohr zu brechen. Wenn schlechtes Wetter im Anzuge war, mußten rechtzeitig die nötigen Maßnahmen getroffen werden, um eine Havarie oder Strandung zu verhindern.

Eines Tages war es mal wieder so weit, die Schlepper der Woermann-Linie, die sonst an der Küste in der Nähe der Seeschiffe ankerten, erhielten den Auftrag, sich im Hafen an der Mole, hinter dem Bagger 1, zu vertäuen. Einer von den Schleppern sollte längsseit des Baggers 1 festmachen. Ich machte den Leiter der Woermann-Linie darauf aufmerksam, daß ich das nicht erlauben könne, ich habe selber genug mit dem Bagger zu tun. Der Leiter, unterstützt durch den Schlepperkapitän, machte allerlei meteorologische Erklärungen und wollte auch die volle Verantwortung übernehmen. Um Mitternacht war dann auch der Teufel los, die Vertäuung riß sämtliche gut verankerte Vertäuungsringe aus der Mole heraus. Die Ankerketten vom Bug- und Heckanker zerrissen, der Bagger, frei von jeglichem Halt, trieb von der Mole ab und beschädigte den längsseit befestigten Schlepper so schwer, daß er vor der Moleneinfahrt sank.

Die Woermann-Linie verlangte von uns 80 000 RM Schadenersatz. Es kam zu einer Gerichtsverhandlung. Die Woermann-Linie hatte die Kapitäne der auf der Reede liegenden Schiffe als Zeugen und Sachverständige geladen. Ich stand allein. Die Namen der Zeugen wurden aufgerufen, mit Kapitän M., Kapitän Bus usw. Als ich aufgerufen wurde, mit Schiffer Flume, erfolgte von mir keine Antwort. Dem Richter erklärte ich dann, daß ich dasselbe Staatsexamen bestanden hätte wie die anderen Herren, und von denen einige gleichzeitig die Prüfung mit mir gemacht hätten, und somit stehe mir auch der Titel Kapitän zu. Als der Bagger losgerissen war, wurden ca. 100 Schwarze der Woermann-Linie, unter Leitung von meinem Freunde Kapitän

Brüggemann, zur Hilfeleistung befohlen. So gelang es nach mehrstündiger Arbeit, das Schiff wieder zu befestigen.

Zu dem Ausgang der Gerichtsverhandlung ist noch zu sagen, daß dieselbe gänzlich zu meinen Gunsten verlief. Die meteorologischen Erklärungen, die der Leiter der Woermann-Linie abgegeben hatte, zogen nicht. In diesem Falle hatte die Praxis entschieden.

Außenbords war der Bagger in seiner ganzen Länge mit dicken Taufendern versehen, um die starken Erschütterungen beim heftigen Aufstoßen an die Mole abzuschwächen. Als Verbindung mit dem Lande wurde eine Schwebebrücke, die am Lande auf Rollen lief und an Bord in der Takelung eines Bootsdavids hing, angefertigt. Damit der Bagger nicht wieder von der Mole losgerissen werden konnte, wurde ein schwerer Stockanker in einiger Entfernung von der Mole eingegraben und mit der hinteren Ankerwinde durch eine besonders starke Grastrosse und Ankerkette verbunden. Unsere Baggerei hatte seinen Zweck erfüllt, da die beladenen Leichter ihre Ladung auf der Mole löschen konnten. Es war aber immer nur bei auflaufendem Wasser (Flut) möglich. Als im Frühjahr 1906 die Schlechtwetterperiode einsetzte, dampften wir mit unserem Doppelschraubenbagger nach dem einige Meilen südlich von Swakopmund entfernten kleinen ruhigen Hafen von Walfischbay, der englischer Besitz ist. Da das Klima in Deutsch-Südwest-Afrika gesund war, ließ ich meine Frau mit einem Woermann-Dampfer nach Swakopmund kommen, woselbst sie während der ganzen Kontraktzeit blieb. Die Mannschaft und ich hatten einen 1½jährigen Kontrakt. Die Gage und Verpflegung war sehr gut. Nachdem unser Kontrakt mit der Baufirma abgelaufen war, kehrten wir mit dem Dampfer »Eduard Woermann« nach Hamburg zurück.

Die Reisen mit Dampfer »Carl Menzell« 1910 bis 1913

Im Jahre 1910 bewarb ich mich um die Erste Offiziersstelle des Dampfers »Carl Menzel«. Vor mir hatten sich schon verschiedene junge Offiziere bei der Reederei gemeldet. Das Schiff lag in Genua, um eine Holzladung aus Nord-Amerika zu löschen. Es war und ist doch allgemein Brauch, daß die Reederei die Reisekosten trägt. Nur diese Reederei verlangte von seinen Bewerbern, daß sie die Fahrt nach Genua selber bezahlen sollten. Da keiner der Bewerber die Kosten tragen wollte, blieb die Stellung ungewöhnlich lange unbesetzt. Seit mehreren Monaten arbeitete ich zwecks Überbrückung im Hafen als Checker. Zur damaligen Zeit war es sehr schwer für einen 40jährigen Schiffsoffizier, eine Anstellung zu bekommen. Wenn ich nicht zugegriffen hätte, wer weiß, wie lange ich noch stellungslos bzw. als Checker herumgelaufen wäre. Die Bahnfahrt Hamburg nach Genua betrug 140 RM. Meine Monatsheuer als Erster Offizier war 130 RM. Der Personalinspektor, der zur Zeit in Genau an Bord war, staunte, daß man mir die Reisekosten auferlegt hatte. Daher gab er mir die Erlaubnis, das an Bord befindliche alte Tauwerk zu verkaufen und aus dem Erlös mich schadlos zu halten. Das Schiff gefiel mir gut, und es war stets ein gutes Einvernehmen mit dem Kapitän und den anderen Herren. Nach einem Jahr ging das Schiff in den Besitz der Reederei »Gewerkschaft Deutscher Kaiser«

(Thyssen) über. Das Kontor der Reederei war in Rotterdam. Das Schiff wurde umgetauft und erhielt den Namen »August Wilke«. Meine Gage als Erster Offizier wurde von 130 RM auf 150 erhöht. Ein holländischer Maschinistenlehrer, der gar keine Ahnung der praktischen Schiffsarbeiten hatte, wurde Schiffsinspektor. Ob jemand ein fähiger Schiffsangestellter war, konnte er nicht beurteilen. Mit drei Schiffen der Reederei fuhren wir zwischen Rotterdam und den spanischen Erzhäfen. Meine Wohnung hatte ich nach Rotterdam verlegt, da das Schiff immer in Rotterdam entlöscht wurde. Nach drei Jahren war ich der dienstälteste Erste Offizier. Da an Bord des Dampfers »Marie Menzell« (umgetauft auf »Otto Kalthoff«) der Erste Offizier den Ersten Maschinisten während der Reise verprügelt hatte, sollte ich mit dem Ersten Offizier die Stellung wechseln. Mir wäre lieber gewesen, wenn ich an Bord meines jetzigen Schiffes hätte bleiben können. Meine Effekten ließ ich nach dem Dampfer »Otto Kalthoff« bringen. Der Erste Offizier weigerte sich, von Bord zu gehen, und meinte, die Ersten Maschinisten sollten sich ablösen. Bei dieser Gelegenheit erfuhr ich, daß dieser Erste Offizier, der nur eine kurze Reise mitgemacht hatte, eine Monatsgage von 180 RM bekam. Am nächsten Tage ging ich zur Reederei und bat, auch mir, dem Dienstältesten, die erhöhte Gage zu zahlen. Man verwies mich an den Inspektor, der mir kurzerhand meine Bitte abschlug, mit den Worten »Datt zallen wy maar niet doen«. Am Tage vorher hatte der Erste Offizier des Dampfers »Otto Kalthoff« den Inspektor verprügelt, der nun auf uns Erste Offiziere sehr sauer war. Ich nahm meine Entlassung, kurz vor meiner Beförderung zum Kapitän, die mir von der Reederei zugesagt war.

Die Strandung des Dampfers »Lübeck« bei der Lotsenstation Tranö bei Narvik im Jahre 1913

Auf dem obengenannten Dampfer musterte ich als Erster Offizier an. Der Dampfer fuhr beständig zwischen Rotterdam und Narvik und war 7000 Tonnen groß. Wir waren mit zwei Offizieren. Der Kapitän hatte das Schiff schon mehrere Jahre geführt, und die Lotsen kannten ihn sehr gut. Vor Abgang von Narvik kam ein alter Lotse an Bord und teilte mir mit, daß sein Sohn an Bord kommen werde, um das Schiff bis nach Trabö zu lotsen, und bat mich, darauf zu achten, daß derselbe nicht während seines verantwortungsvollen Dienstes mit dem Kapitän in den Salon gehen solle, um sich zu besaufen. Nachdem das Schiff außerhalb des Hafens war, forderte der Kapitän den Lotsen auf, mit nach unten zu kommen. Dem Lotsen hatte ich bereits vorher erklärt, was sein Vater mir gesagt. Zunächst blieb der Lotse auch auf der Brücke. Als der Kapitän aber anhaltend von Deck aus den Lotsen animierte, war der Lotse, ohne daß ich es bemerkte, verschwunden und dem Verführer gefolgt. Nach kurzer Zeit wurde es stark neblig, so daß ich mit der Fahrt heruntergehen mußte und das vorschriftsmäßige Nebelsignal gab. Das störte die beiden Zecher im Salon nicht. Daher ging ich hinunter, um die Pflichtvergessenen auf die Brücke zu rufen, denn durch das Sprachrohr bekam ich keine Antwort. Anstatt auf die Brücke zu gehen, sagte der Kapitän: »Es ist nicht neblig, und das Nebelsignal stellen sie ein.« Auch der Lotse blieb der Brücke fern und zechte weiter. Der Nebel wurde immer dichter, und ich wiederholte in kurzen Zeitabständen die

Warnsignale. Während der ganzen Nacht sind beide nicht auf die Brücke gekommen.

Nach Ablauf meiner Wache wurde ich vom Zweiten Offizier abgelöst. Der Maschinentelegraf stand auf »Langsame Fahrt«. Unsere Logguhr, ein Gerät zum Messen der Schiffsgeschwindigkeit, war sehr zuverlässig. Bei Übergabe der Wache teilte ich dem Zweiten Offizier mit, wieviel Seemeilen das Schiff noch zurückzulegen habe bis Tranö Lotsenstation. Dort habe das Schiff zu stoppen, um den Lotsen abzusetzen. Wäre die Logguhr gut beobachtet, auf den Kurs besser geachtet und nach dem Ablauf der von mir angegebenen Seemeilen das Schiff gestoppt worden, wäre alles gut abgelaufen.

Gegen 7 Uhr wurde ich durch einen heftigen Ruck geweckt. Sofort eilte ich an Deck und gab das Kommando »Alle Mann an Deck« und ließ die Rettungsboote aussetzen. Es war immer noch dichter Nebel. Das Schiff war bis zur Luke 2 auf Land gelaufen und saß auf einer in den Boden des Schiffes eingedrungenen Felsenspitze fest. Nach dem Auflaufen klarte es plötzlich auf, und wir sahen nun deutlich die Bescherung. Jetzt endlich erschienen die beiden Säufer auf der Brücke. Der Kapitän wollte in seinem benebelten Zustande das Aussetzen der Boote verbieten. Das Manöver war aber schon durchgeführt. Darauf rief ich ihm zu, daß er keine Befehlsgewalt mehr habe. Das Schiff befand sich zwischen zwei Felsenwänden, wie in einem Trockendock, nur wenige Meter auf beiden Seiten freilassend. Der Ort der Strandung war Tranö, wo der Lotse von Bord zu gehen hatte. Derselbe stieg auf einer Leiter an Land! Unsere Logguhr zeigte richtig die abgelaufenen Seemeilen an. Durch Peilung der Bilgen wurde festgestellt, daß die Laderäume dicht waren, mit Ausnahme der Luke 2. Das Raumschott zwischen Luke 1 und 2 wurde abgesteift. Wie ich später erfuhr, wurde die Ladung aus Luke 2 gelöscht und notdürftig gedichtet. Das Schiff wurde durch einen Schlepper von hinten in offenes Wasser abgeschleppt und auf eine in der Nähe befindliche steinfreie Stelle aufgebracht. Als der Schaden einigermaßen behoben war, dampfte die »Lübeck« mit eigener Kraft und langsamer Fahrt in einen in der Nähe gelegenen Hafen, um auf einer Werft zu docken. Später wurde das Schiff in Hamburg mit neuen Bodenplatten versehen.

Als das Schiff in Tranö gestrandet war, sagte ich dem Kapitän, daß, falls wir hätten ertrinken müssen, ich ihn totgeschlagen hätte, da er einen ehrlichen Seemannstod nicht verdient habe. Am Nachmittage kam ein Bergungsschlepper längsseit, der den deutschen Konsul von Narvik, Versicherungsagent und intimer Freund des Kapitäns, an Bord brachte. Der Kapitän meldete dem Konsul meine Äußerung, welche meine Entlassung zur Folge hatte. Auf Veranlassung des Konsuls wohnte ich noch 14 Tage in einem Narviker Hotel, dann fuhr ich als Passagier mit einem schwedischen Dampfer nach Rotterdam. Obwohl ich der einzige war, der genaue Angaben über die Strandung machen konnte, bin ich von dem Seemannsamte nicht befragt worden und habe auch niemals von einer diesbezüglichen Seeamtsverhandlung gehört. Mir wurde später mitgeteilt, daß der Kapitän als Inspektor bei der Reederei angestellt worden, also somit die Treppe hinaufgefallen sei.

Während einer früheren Reise mit der »Lübeck«, also vor der Strandung, kam auf meiner Morgenwache ein Mann zu mir auf die Brücke und machte mir die Meldung, daß ein Heizer von oben die steile Treppe in den Heizraum gefallen und schwer verletzt sei. Sofort begab ich mich mit Verband und Nähzeug nach der Unfallstelle. Der Verunglückte wurde in den Maschinenraum getragen und auf die Flurplatten niedergelegt. Das Schiff rollte sehr stark, und der Verletzte und ich glitten auf den öligen Flurplatten dauernd hin und her. Die Schädeldecke lag offen, von der Stirn über den ganzen Kopf bis zum Nacken. Der Heizer blieb, während ich die Kopfhaut rasierte und die große Wunde zunähte, bei voller Besinnung. Er bat immer wieder um Schnaps, den ich auch, aus des Kapitäns reichhaltigem Bestande, dem Verunglückten reichte. Trotz des schweren Arbeitens des Schiffes gelang mir die Operation. Der Mann konnte nicht gehen, obwohl ich eine andere Verletzung nicht feststellen konnte. Der Bootsmann trug ihn huckepack an Deck und nach vorne in das dort befindliche Schiffslazarett. Der Kapitän hat sich um den kranken Mann überhaupt nicht gekümmert.

In Rotterdam fuhr ich mit dem Kranken zu einem Chirurgen, der mit meiner Flickarbeit sehr zufrieden war und den Mann in ein Krankenhaus überwies. Dort wurde festgestellt, daß das Rückgrat gebrochen sei und der Verletzte daher auch keine Schmerzen durch die Verwundung verspürte.

An Bord des englischen Dampfers »Isle of Moll« im Jahre 1914

Seit mehreren Jahren wohnte ich mit meiner Familie in Rotterdam. Von Kriegsgerüchten war noch nichts bekannt, als ich als Zweiter Offizier auf einem englischen Dampfer

»Isle of Moll« anmusterte. Die Gage war bedeutend besser als auf deutschen Schiffen. Ein Dritter Offizier verdiente ebensoviel wie ein deutscher Erster Offizier. Das Verhältnis zwischen Kapitän und Offizieren war ein kameradschaftliches. Die Verpflegung ausgezeichnet und der Dienst leicht. Die Reise ging von Rotterdam nach Charleston, Ostküste von Nordamerika. Das Deckpersonal auf diesem Schiff war deutsch und die Heizer Türken.

Als der Charleston-Lotse an Bord kam, brachte er uns die Mitteilung, daß der Krieg ausgebrochen sei. Sobald das Schiff im Hafen festgemacht war, ging ich zum Kapitän, um mit ihm die schwierige Lage der deutschen Mannschaft zu besprechen. Am nächsten Tage wandten wir uns an den deutschen Konsul, der mir sagte, bis auf weiteres an Bord zu bleiben. Der Kapitän versprach mir, wenn das Schiff nach einem feindlichen Hafen führe, die deutsche Mannschaft ordnungsgemäß abzumustern. Die deutschen Matrosen versahen nach dem Versprechen des Kapitäns weiter ihren Dienst, wohingegen die türkischen Heizer die weitere Arbeit verweigerten. Nach Entlöschung der Ladung lagen wir noch mehrere Wochen beschäftigungslos im Hafen. Es war eine schöne Zeit. Der Kapitän, Erster Maschinist und ich gingen täglich auf die Jagd. Endlich erhielten wir von der Reederei in Liverpool die Order, nach New York zu dampfen, um weitere Order abzuwarten. Da die Heizer noch immer die Arbeit verweigerten, obwohl die Türkei noch nicht am Kriege beteiligt war, wurden dieselben in Eisen gelegt und von amerikanischen Detektiven bewacht. Es wurde ein Ersatz für die Heizer angemustert. Den Matrosen hatte ich gesagt, so lange wie ich an Bord zu bleiben, damit ihnen die verdiente Heuer nicht verlorenginge.

Vor der Einfahrt in den New Yorker Hafen lagen zwei große englische Schlachtschiffe. Nord-Amerika war noch nicht am Kriege beteiligt. Der Kapitän fuhr nach einem der englischen Kriegsschiffe, um sich zu erkundigen, was er mit den Heizern machen sollte. Der Kommandant erklärte sich für die Sache nicht zu interessieren und fragte, was der Kapitän denn wünsche, das er tun solle. Hierauf erwiderte der Kapitän: »Hang them upon the main yard arm.« Das geschah natürlich nicht. Die türkischen Heizer wurden freigelassen und ohne verdiente Heuer an Land gejagt. Die Matrosen hatten während der Wartezeit in New York eine gute, faule Zeit. Obwohl ich ihnen immer wieder sagte, noch an Bord zu bleiben, war dennoch eines Morgens die ganze deutsche Mannschaft ausgerückt und ließ somit ihr wohlverdientes Guthaben im Stich. Wenige Tage später kam die Ladeorder »Mit Zucker nach Marseille«. Da die Ladung für Feindesland bestimmt war, musterte ich in New York ab. Der Kapitän machte mir auch keine Schwierigkeiten, und wir trennten uns in gegenseitiger Hochachtung und Freundschaft.

Aufenthalt in New York im Jahre 1914

Am Lande wohnte ich im »International Sailors' Home« im 24. Stockwerk. Zu dieser Zeit lagen viele Schiffe verschiedener Nationen im Hafen, die ihre Flagge mit der amerikanischen vertauschten! Aus diesem Grunde mußten Kapitäne und Offiziere ihre Prüfung vor einer amerikanischen Prüfungskommission ablegen. Mir wurde eine Zweite Offiziersstelle auf einem dieser Schiffe angeboten. Der Schiffsinspektor meinte, die übermorgen stattfindende Prüfung würde mir sehr leichtfallen, es würden nur die Aufgaben des »day's work«, wie er es nannte, verlangt. Unter »day's work« sind die täglich sich wiederholenden Berechnungen des um Mittag erreichten Schiffsortes zu verstehen. Mein letzter Schulbesuch einer deutschen Navigationsschule lag zwanzig Jahre zurück. Es gehörte doch eine etwas längere Vorbereitungszeit dazu, da nicht nur die Berechnungen des »day's work«, sondern ebensoviel in Amerika verlangt wurde wie in Deutschland. Nachdem ich die mir vorgelegten Aufgaben durchgesehen hatte und einsah, daß es mir nicht möglich war, dieselben ohne eine längere Vorbereitung alle zu lösen, gab ich dieselben wieder zurück. Leider konnte ich daher die mir angebotene Stellung nicht antreten. Viele bei amerikanischen Firmen angestellte Deutsche vom Prokuristen bis zum Hausknecht lagen buchstäblich stellungslos und mittellos auf der Straße. Manche hatten nicht die Mittel, eine Schlafstelle für 10 Cents zu bezahlen. Wenn ich morgens das Haus verließ, stellten sich immer einige dieser Armen ein, um bei mir sich ihre 10 Cents Schlafgeld abzuholen.

Auf einer Wandtafel im Lesezimmer des Sailors' Home wurde die Stelle eines Ersten Offiziers für ein 10 000 Tonnen großes englisches Schiff ausgeschrieben: »Wanted chief officer for S. S. Chester«. Da ich eine Abmusterungsbescheinigung und Zeugnis meiner letzten Stellung von S. S. »Isle of Moll« besaß, stellte ich mich dem Kapitän der »Chester« vor, der mich auch für 20 Pfund Monatsgage anmusterte. Das Schiff lud Zucker für Liverpool. Als mein Gepäck am nächsten Tage an Bord befördert wurde, begegnete mir ein deutscher Kapitän, mit dem ich früher auf einem Tanker, er als Erster und ich als Zweiter Offizier, zusammen gefahren hatte. Auf die Frage, wohin ich mein Gepäck bringen lasse, machte ich ihn bekannt mit meinem Vorhaben. Dem englischen Kapitän und der Musterungsbehörde gegenüber hatte ich mich als Holländer ausgegeben.

Als ich zwei Tage an Bord war, und im Raume das Stauen der Zuckerladung beobachtete, wurde ich durch den Chief Steward zum Kapitän gerufen, der mich im Salon in deutscher Sprache begrüßte. Erstaunt und erschrocken, traute ich meinen Ohren nicht und tat so, als ob ich ihn nicht verstehe. Nachdem er mir aber meinen Geburtsort mitteilte, nützte mir keine Ausrede, doch bat ich ihn, mir zu verraten, woher er diese Kenntnis habe. Wie immer, von einem ihnen gut bekannten Landsmann, erwiderte er. Es war mir natürlich sofort klar, wer dieses Bubenstück ausgeführt hatte. Der Kapitän von der »Chester« erzählte mir seine Vergangenheit. In Ostpreußen geboren, verheiratete er sich vor 20 Jahren mit einer englischen Dame und wurde naturalisierter Engländer. Seit dieser Zeit habe er nur noch auf englischen Schiffen gefahren. Somit war mein Verbleiben an Bord der »Chester« von nur sehr kurzer Dauer. Mit einem anständigen Schmerzensgelde wurde ich von dem alten Herren entlassen.

Einige Tage später war ich wieder auf Jagd nach einer Verdienstmöglichkeit. Auf dieser Jagd bemerkte ich, wie an einer Anlegestelle des Hafens mehrere Leute um einen Herrn standen. Beim Näherkommen erfuhr ich, daß ein Schiffsführer für ein großes Leichterfahrzeug gesucht wurde. Das war etwas für mich. Für diese Stelle kam aber nur ein verheirateter Mann in Frage. Nun, verheiratet war ich ja, allerdings war meine Frau in Holland. Mir wurde der Posten übertragen gegen eine Bezahlung von 90 Dollar monatlich. Nach einigen Tagen kam mein Auftraggeber längsseit des Fahrzeuges und erkundigte sich nach dem Befinden meiner Frau: »How is the wife?« Meine Antwort: »She is alright.« Worauf der Fragesteller: »May I see her?« Meine Antwort: »No Sir, she is not on board.« Der Herr fragte aber weiter: »Where is she?« Es blieb mir nichts übrig, als die Wahrheit zu sagen. »She is in Holland!« Hierauf gab er mir den Rat, mir eine von den Weibern, die sich im Park herumtreiben, an Bord zu nehmen. »Go and take one out of the park.« Das hatte für mich keinen Zweck, da ich doch für meine Familie zu sorgen hatte. Auch diese Stellung war somit nicht von langer Dauer.

Meine Barmittel nahmen schnell ab, und ich konnte es mir nicht länger leisten, in dem kostspieligen »International Sailors' Home« zu bleiben. Aus diesem Grunde nahm ich Unterkunft im deutschen Seemannsheim in Hoboken, gegenüber von New York. Ein guter und energischer deutscher Pastor leitete das Heim, und ich bin ihm noch heute dankbar für das, was er für mich tat. Mir wurde ein nettes Zimmer angewiesen. Verpflegung gab es nicht, jedoch erhielt ich ein angemessenes Verpflegungsgeld. Viele stellungslose Seeleute, auch Arbeiter und Angestellte aus anderen Berufen, fanden im Seemannsheim eine Bleibe. Häufig kamen Arbeitsgeber, die Arbeiter anwarben. Zuweilen wurde auch mir Beschäftigung, die mir wohl zusagte, angeboten. Der Pastor gab es aber nicht zu, weil er auf eine bessere Stellung für mich wartete. Da ich am liebsten in die Heimat zurückwollte, bat ich den holländischen Konsul, mich zu naturalisieren, weil ich doch über 3 Jahre mit meiner Familie in Holland ansässig war und Steuern bezahlt hatte. Leider durfte er mir das Dokument während der Dauer des Krieges nicht ausstellen.

Der Pastor sagte mir eines Tages, es sei eine gute Gelegenheit, mit einem holländischen Passagierdampfer nach Holland zu fahren, zumal ich der holländischen Sprache mächtig sei. Gerne willigte ich ein. In der Nähe des Seemannsheims war eine Kneipe, in der viele Holländer verkehrten. Dorthin verwies mich der Pastor, er stellte mir die nötigen Mittel zur Verfügung, um holländische Ausweispapiere zu erwerben. Es gelang mir auch, für 25 Dollar einen holländischen Geburtsschein zu kaufen. Damals benötigte man noch kein Paßbild. Mit dem deutschen Konsul hatte der Pastor bereits Rücksprache betreffs der Reisekosten genommen. Auf dem Konsulat erhielt ich 50 Dollar, über welche ich eine Empfangsbescheinigung unterschrieb, und mich verpflichten mußte, den Betrag bei Ankunft in der Heimat zurückzuerstatten. Es war meine Absicht, mich dem Bezirkskommando in Hamburg zur Verfügung zu stellen, und daher hätte eigentlich das Konsulat mit den Unkosten belastet werden müssen. Bei der Holland-Amerika Linie erstand ich ein Billett dritter Klasse zur Überfahrt mit dem Dampfer »Rotterdam« nach Rotterdam. Dankend verabschiedete ich mich im Seemannsheim von dem hilfreichen Pastor. In einem großen Warteraum, in der Nähe des Dampfers, waren viele Reisende versammelt und warteten auf die Erlaubnis, an Bord gehen zu dürfen. Die meisten waren deutsche Frauen. Letztere durften ohne Schwierigkeiten an Bord gehen, die Männer mußten sich jedoch einer strengen Kontrolle unterziehen. Die Ausweispapiere wurden von verschiedenen Beamten (Dolmetscher) gewissenhaft geprüft. Von den Dolmetschern wurde man gründlich ausgefragt. Da ich die holländische Sprache gut beherrschte, gelang es mir, unangefochten an Bord zu gelangen. Beim Betreten des Schiffes sah ich den holländischen Konsul, der mich auch sofort erkannte, aber so tat, als ob er mich nie in seinem Leben gesehen hätte. Bis zum englischen Kanal ging die Reise reibungslos vonstatten. Die Unterkunft und Verpflegung war sehr gut, das Wetter vielfach stürmisch. Bei Cherbourg (Frankreich) und Southhampton (England) kamen französische und englische Militärkontrollen an Bord, die sogar das Gepäck revidierten. Zum Glück hatte ich vor Antritt der Reise die eingenähten Namenläppchen aus meiner Wäsche entfernt. Ich passierte ungeschoren diese strenge Kontrolle und kam wohlbehalten in Rotterdam an. Mein Gepäck übergab ich der Spedition Holland-Amerika Linie und eilte nach Hause. Dort erfuhr ich von den Nachbarn, daß meine Frau vor einigen Tagen nach Hamburg zu ihrer Mutter abgereist sei und die Wohnung in Rotterdam aufgegeben habe. Am nächsten Tage fuhr ich nach Hamburg, wo ich Frau und Kind wohlbehalten antraf. Schon nach wenigen Tagen kam ein Kriminalbeamter und verlangte, das vom deutschen Konsul erhaltene Geld zurückzuzahlen. Da ich zu der Zeit noch keine Stellung hatte, war es mir nicht möglich, das Geld so schnell aufzubringen. In drei Monatsraten habe ich die Schuld abgetragen. Die Holland-Amerika Linie hat mir kostenlos mein Reisegepäck zugestellt.

Am ersten Tage nach meiner Ankunft habe ich mich beim Bezirkskommando in Hamburg gemeldet. Da ich einige Monate über 45 Jahre war, verzichtete man auf meine Dienste mit dem Bemerken »Sie brauchen sich doch nicht mit Gewalt totschießen lassen!«.

Fahrten in der Nord- und Ostsee

Während des Ersten Weltkrieges requirierte die Marine fast die ganze Handelsflotte, nur kleine Schiffe verblieben den Reedern. Es war sehr schwierig, Stellung zu bekommen. Durch den Vorsteher, Kapitän Belendorf, wurde mir die Zweite Offiziersstelle des Emdener Dampfers »Jenny« zugewiesen. Viel Lust zu einer Zweiten Offiziersstelle verspürte ich nicht, es wurde mir aber nach der ersten Reise, ca. zwei Monate, die Beförderung versichert. Kapitän Belendorf bat mich, ihm jeweils einen Reisebericht, vor allem ihm die Kurse von Oster-Ems (Borkum) nach Brunsbüttel mitzuteilen. Da ich nichts Unerlaubtes dadurch tat, habe ich ihm mehrere Male einen Bericht eingeschickt. Nach der ersten Reise nach Stockholm wurde ich zum Ersten Offizier, mit einer Monatsgage von 150 RM, befördert. Der Dampfer »Jenny« fuhr beständig nach Schweden und zurück nach Emden. Während einer dieser Reisen kam ein Marinefahrzeug längsseit, und ein Offizier kam an Bord. Die gesamte Mannschaft mußte ein Schriftstück unterzeichnen, laut welchem es geboten war, über Kurse und alle Wahrnehmungen während der Reise niemandem, weder schriftlich noch mündlich, Mitteilung zu machen, bei Androhung strengster Bestrafung. Daher teilte ich Kapitän Belendorf mit, daß ich keine Mitteilungen mehr machen dürfe, im übrigen seien noch dieselben Kurse gesteuert worden. Die zweite Hälfte des letzten Satzes verstieß schon gegen die militärische Anordnung und wurde mir später zum Verhängnis.

In Emden waren die Gagen seit einiger Zeit auf 200 RM für Erste Offiziere erhöht worden. Hiervon machte ich dem Kapitän Mitteilung und meine Forderung geltend. Da müssen sie sich an die Reederei wenden, erhielt ich zur Antwort. Um ganz sicherzugehen, erkundigte ich mich auf dem Seemannsamt bei dem Wasserschout, welcher mir die Richtigkeit bestätigte. Der Schiffsinspektor, ein früherer Bootsmann bei der Marine, wies mich brüsk ab. Da ich nicht unter der Heuer fahren wollte, entschloß ich mich abzumustern. Der Kapitän bat mich, an Bord zu bleiben, und wolle mir aus eigener Tasche 10 RM zulegen. Es war ihm viel daran gelegen, mich weiterhin an Bord zu behalten, daher blieb ich. Nach Beendigung der nächsten Reise wurden mir von Berufskameraden Vorhaltungen gemacht, weshalb ich mich entschloß, doch abzumustern. Bei der Abmusterung stellte ich fest, daß meine Abrechnung nicht stimmte, es fehlte die monatliche Zulage von 10 RM. Als der Wasserschout den Kapitän auf den Fehler aufmerksam machte, erwiderte er: »Hett he datt schriftlich von mih krägen? Watt in Musterbok steiht is güldig, un dat sind 150 RM.« Obwohl der Kapitän vom Wasserschout und mir auf seine niedrige Handlungsweise aufmerksam gemacht wurde, weigerte er sich, sein mir gegebenes Wort einzulösen. Der gute Mann, Kapitän P. Bradhering, hatte übrigens ein dickes Fell.

An Bord des Dampfers »Matador«, später umgetauft auf »Indalselfen«, 1915

Die Reederei Bolten, Hamburg erwarb im Jahre 1915 von der Reederei Neptun den Dampfer »Matador«. Der Zweite Offizier und ich, als Erster Offizier, fuhren über Saßnitz–

Trelleborg nach Norrköping (Schweden), um den Dienst auf »Matador« anzutreten. Es war an einem Feiertag, frühmorgens, als wir dort eintrafen. Die Mannschaft war noch nicht an Bord, nur der Erste Maschinist hatte bisher das Schiff gehütet. Der Kapitän befand sich noch in Hamburg. Das Schiff machte auf uns den schlechtesten Eindruck, alles verlottert und schmutzig. Mit dem besten Willen konnten wir unsere Kammern nicht finden. Als der Erste Maschinist an Deck kam, bat ich ihn, mir meine Kammer zu zeigen. Der Raum, den er mir anwies, sollte die Kammer für den Ersten und Zweiten Offizier sein. Es war ein schmutziger, elender und unbewohnbarer Stall. Niemals würde ich geglaubt haben, daß es so etwas gäbe. In der Oberkoje hing die Deckverschalung tief herunter, die Schotten naß von rostigem Wasser und keine Wascheinrichtung. Für beide Offiziere nur eine Wäscheschublade unter der Koje. Bei der Tür stand ein Kasten, in dem man zur Not zwei Anzüge unterbringen konnte. Das Schiff sollte Stückgut fahren, und wir fragten uns, wo sollten wir da unsere Ladungspapiere unterbringen und unsere schriftlichen Arbeiten machen. Vorerst war es nicht möglich, in diesem Raum zu schlafen.

Auch die Laderäume sahen wüst aus. Im hinteren Laderaume lag der Schmutz, pyramidenförmig aufgeschüttet, bis zum Oberdeck. Die übrigen Laderäume boten ein ähnliches Bild, und das Schiff machte den Eindruck eines Wracks. Zum Frühstück führte uns der Erste Maschinist zu einem Restaurant am Lande. Der Schiffsinspektor, Herr Möller, wohnte zur Zeit in einem Hotel der Stadt. Nachdem ich mich durch ein gutes Frühstück gestärkt, setzte ich mich telefonisch mit Herrn Möller in Verbindung und teilte ihm unsere Ankunft mit. Ferner teilte ich ihm mit, daß mir der Erste Maschinist, Herr Koch, einen Raum angewiesen habe, welcher die Kammer der beiden Offiziere sei. Festgestellt habe ich, daß dieses Loch nicht bewohnbar und gesundheitsschädlich ist. Daher sei ich auch nicht gesonnen, in diesem Stall und noch dazu mit einem anderen Herrn zu hausen. Falls keine Abhilfe geschaffen würde, ich zurück nach Hamburg fahren würde. Hierauf erwiderte Herr M.: »Ich habe als Erster Maschinist gefahren und auch mit dem Zweiten Maschinisten die Kammer teilen müssen.« Demgegenüber erklärte ich, daß es sich in diesem Falle nicht um eine Kammer, sondern um ein dreckiges Loch handele, es gehe mich auch nichts an, was er früher getan, ich jedenfalls verlange eine menschenwürdige Kammer. Darauf versprach er mir, im Laufe des Vormittages an Bord zu kommen. Obwohl es ein Festtag war, verständigte ich mich mit dem Ersten Maschinisten, sofort damit zu beginnen, aus dem hinteren Laderaum, wo der meiste stinkende Schutt lag, denselben an Deck zu hieven und in eine längsseit liegende Schute abzuladen. Der Zweite Maschinist, der in der Zwischenzeit auch aufgekreuzt war, sorgte für Dampf, der Erste Maschinist bediente die Dampfwinde, der Zweite Offizier nahm die gefüllten Kübel (alte Fässer) an Deck in Empfang und entleerte dieselben in die Schute, ich ging in den Laderaum und schaufelte die Kübel voll. Als wir gut im Gange waren, kam der Inspektor an Bord. Da er mich noch nicht persönlich kannte, fragte er den Ersten Maschinisten, wer das da unten sei. Daß ich so fleißig arbeitete, schien ihn zu freuen.

An Deck gerufen, versprach er mir, eine Kammer für mich in Hamburg bauen zu lassen. Die Kapitänskammer ging an Steuerbord vom Salon ab. An Backbord vom Salon abgehend, sollte, da der Salon reichlich groß war, die Erste Offizierskammer eingebaut werden. Daraufhin sagte ich zu, an Bord zu bleiben. Der Zweite Offizier und ich schliefen im Salon. Einige Tage später kam der Kapitän und die Mannschaft an Bord. Es gab nur eine Toilette, für Kapitän und Offiziere, ohne Wasserspülung. Daher beantragte der Kapitän, daß für ihn eine besondere Toilette eingerichtet werden solle. Die Mannschaft hatte alle Hände voll zu tun, um das Schiff einigermaßen aufzuräumen. Die Offizierskammer wurde, für die kurze Reise nach Hamburg, so gut es ging, bewohnbar gemacht.

In Hamburg wurde das Schiff klassifiziert, gründlich überholt und erhielt den Namen »Indalselfen«. Mehrere Wochen lag das Schiff an der Werft. Der Kapitän kam jeden Morgen für eine kurze Zeit an Bord. Beim Verlassen des Schiffes schloß er den Salon ab, so daß der Zimmermeister keine Gelegenheit fand, eine Kammer für mich zu zimmern, auch wurde keine zweite Toilette eingerichtet. Unerwartet erhielten wir die Order, nach zwei Tagen den Hafen zu verlassen. Mehrere Herren der Reederei, auch der Schiffsinspektor, hatten das Schiff besichtigt. Auf meine Frage, warum die mir versprochene Kammer nicht eingebaut sei, erwiderte er: »Dazu ist keine Zeit mehr.« Der Kapitän sagte zu mir: »Weil für mich keine Toilette eingerichtet wurde, sollen sie auch keine Kammer haben.« Über diese niedrige, unkollegiale Gesinnung war ich sehr empört.

Am Tage vor Abgang des Schiffes stand ich an Deck und wurde von dem Inhaber der Kesselreinigungsfirma, die zur Zeit bei uns an Bord tätig war, einem früheren Ersten Maschinisten, mit dem ich zusammen gefahren, begrüßt.

Unter anderem sagte er mir: »Wie kommen sie nur auf so einen Dreckpott?« Diese Worte hatte der Kapitän im Vorbeigehen vernommen und forderte mich impertinent auf, ihm zu folgen. Im Salon schrie er mich an: »Wenn ich kein Klosett bekomme, sollen sie auch keine Kammer haben!« Unter diesen Umständen verlangte ich sofort meine Abmusterung, die er mir verweigerte. Als er mein Musterbuch nicht herausgeben wollte und fortfuhr, mich zu beleidigen, war ich meiner Sinne kaum noch mächtig und bearbeitete ihn aus allen Kräften. Er lief zum Ersten Maschinisten, der ihm helfen sollte, jedoch ohne Erfolg. Ihm nochmals zu Leibe gehend, floh er auf die Werft, wo ich den Ausreißer nochmals zur Verantwortung zog. Mit einer Werftbarkasse fuhr er nach dem Baumwall zur Reederei und meldete den Vorfall. Das Seefahrtsbuch hatte ich an mich genommen und ging nun meinerseits zur Reederei, wo mir der Inspektor in der Ausgangstür begegnete, welcher sagte, von allem unterrichtet zu sein und es sehr bedauere. Ich musterte ab.

Während der Reise von Norrköping nach Hamburg sagte der Kapitän einmal zum Ersten Maschinisten und mir: »Man muß heutigentages mit seinen Worten sehr vorsichtig sein.« Damit deutete er an, daß man nichts Abfälliges über die Regierung, deren Kriegsführung und ähnliches äußern dürfe. Darauf sagte ich: »Ich pflichte ihnen darin bei, denn ich habe auf Wunsch von Kapitän Belendorf (Vorsteher der Heuerstelle) ihm eine kurze Reisebeschreibung, das heißt, welche Kurse von Borkum nach Brunsbüttel gesteuert wurden, geschickt. Solange es nicht verboten war, ist nichts dagegen einzuwenden. Nachdem es aber von der Militärbehörde untersagt war, hätte ich keine Berichte mehr machen sollen. Trotzdem schrieb ich ihm, es sei verboten, künftig über den Verlauf der Reise zu berichten.« Zum Schluß hätte ich noch hinzugefügt, daß die Kurse immer noch dieselben seien. Diese Unterhaltung im Salon sollte mir noch viel Unangenehmes bringen. Der Kapitän von der »Indalselfen« hatte, als Revanche für seine bezogenen Hiebe, der politischen Polizeibehörde hierüber Anzeige gemacht.

An Bord des Dampfers »Jessika«

Der Dampfer gehörte zur Kirsten-Reederei und fuhr in der Ostsee. Als das Schiff zur Ausreise in Hamburg bereitlag, war der Koch von seinem Urlaub nicht zurückgekommen. Da so schnell kein Ersatz zu bekommen war, musterte meine Frau als Köchin an. Der Kapitän, Offiziere, die Mannschaft und vor allem ich war mit der Verpflegung sehr zufrieden. Nach mehreren Reisen kamen wir in Nordenham an, um Stückgut zu löschen. Das Schiff war noch nicht fest, als zwei Herren an Bord kamen, die sich als Kriminalbeamte legitimierten, um mich zu verhaften. In meiner Kammer wurde nach verdächtigen Papieren gesucht. Am Lande wurde ich in Untersuchungshaft genommen. Am Abend kam ein Hamburger Hafenpolizeibeamter zu mir und teilte mir mit, daß er mich am nächsten Tage nach Hamburg bringen müsse. Erst durch diesen Beamten erfuhr ich, um was es sich handelte. Da ich mir strafbarer Handlungen nicht bewußt war, erklärte er mir, daß ich verdächtig sei, militärische Geheimnisse verraten zu haben. Ich wußte sofort, wer der Denunziant war. Am nächsten Morgen fuhren wir, nach mehrstündigem Aufenthalt in Bremen, nach Hamburg. Spätnachts brachte mich der Beamte nach der wohlbekannten Hüttenwache. Am nächsten Morgen wurde ich von demselben Beamten nach dem Stadthaus geführt, wo ein Schreibmaschinenfräulein meine Aussagen protokollierte. Um Mittag war das Schreiben fertig und wurde einem Admiral und höheren Polizeioffizier vorgelegt. Die Herren entließen mich und waren sehr besorgt, daß ich jetzt wohl meine Stellung wegen solcher Lappalie verloren hätte. Das war aber nicht der Fall, da das Schiff zum Löschen der Ladung mindestens eine Woche benötigte. Man ermahnte mich, in Zukunft vorsichtiger zu sein. Nachdem ich mich einige Tage von meiner Aufregung erholt hatte, fuhr ich nach Nordenham zurück. Meine Frau und ich machten noch einige Reisen mit der »Jessika« und musterten ab, um Familienangelegenheiten zu regeln.

Dampfer »Caroline Hemsoth«

Einige Wochen später trat ich den Dienst als Erster Offizier auf dem Dampfer »Caroline Hemsoth« in Emden an. Bei der Rückkehr der ersten Reise erhielt ich vom Landesgericht in Hamburg die Aufforderung, mich innerhalb von 8 Tagen zu melden. Die Staatsanwaltschaft war mit dem vorherigen milden Urteil des Admirals nicht einverstanden und stellte Strafantrag gegen mich. Das Urteil lautete 6 Tage Haft oder Geldstrafe. Die Strafe habe ich nicht angenommen. Ein Gnadengesuch beim »hochwohllöblichen Senat« in Hamburg erließ mir die Strafe. Den Denunzianten habe ich ein Jahr später nachts beim Schiffsklarieren im

Maklerbüro in Holtenau getroffen. Als ich seiner ansichtig wurde, verschwand er schleunigst in der Dunkelheit. Zu gerne hätte ich mit ihm die Schlußabrechnung gemacht.

Reisen auf Segelschiffen in der Nord- und Ostsee als Kapitän

Die letzten 10 Jahre, bis zum 65. Lebensjahre, habe ich als Kapitän auf Segelschiffen zugebracht. Mit einem Dreimastschoner machte ich eine Reise von Randers (Dänemark) nach Bergen, an der Westküste Norwegens. Schon im Kattegat hatte das Schiff einen starken Sturm zu bestehen. Die Takelage wurde sehr beschädigt, so daß der Segler fast manövrierunfähig wurde. Querab von Skagen hißte ich die Lotsenflagge, um von einem Lotsen in den Hafen geführt zu werden. Da die Einfahrt sehr schmal ist, wollte der Lotse es nicht riskieren, das havarierte Schiff bei dem stürmischen Wetter zu lotsen. Da nirgends ein sicherer Ankerplatz vorhanden war, entschloß ich mich, das Schiff ohne Lotsen in Skagen einzubringen, das mir auch ohne weitere Beschädigung gelang. Nach 8 Tagen waren die Reparaturen beendet, und wir konnten die Reise nach Bergen fortsetzen. Während unseres Aufenthaltes in Skagen erlebte ich ein interessantes Liebesabenteuer. Ich kehrte täglich in einem Hotel ein und wurde auch bald intim mit der Geschäftsleiterin. Der Eigentümer des Hotels besaß außerdem in dem anliegenden niedrigen Gebäude einen Juwelierladen und war nur selten im Restaurant anwesend. Um einmal ein Schäferstündchen miteinander zu verleben, hatte ich meine Kletterkünste unter Beweis zu stellen. Zuerst mußte ich auf das Dach des Juwelierladens klettern, und von dort aus konnte ich an das Fenster des schönen Mädchens gelangen. Da in der Wand des niedrigen Hauses einige Steine fehlten, konnte ich festen Fuß fassen und auf das Dach des Juwelierladens gelangen. In dem kleinen Städtchen war es abends menschenleer und somit unser Vorhaben ungefährlich. Abgemacht war, daß meine Freundin gegen 23 Uhr in ihrem Zimmer Licht machen sollte, zum Zeichen, daß ihrerseits alles in Ordnung sei. Pünktlich erschien das Licht, es warf seinen Schein auf das flache Dach, und nun turnte ich die Wand empor, das mir auch sehr gut gelang. Nur eins wußte ich nicht, daß das Dach mit einem niedrigen, spitzen Stacheldrahtgitter umzäumt war. Oweh! Ich glitt aus und blieb in dem spitzen Zaun mit meinem Gesäß hängen. Es war sehr schmerzhaft und blutete stark. Die Holde, die das Unglück von ihrem Fenster beobachtet hatte, löschte sofort ihr Licht. Bald hatte ich mich von dem Gitter freigemacht, und dessenungeachtet richtete ich meinen Kurs auf das Fenster, das mir auch sofort geöffnet wurde. Zur Belohnung landete ich in den Armen meiner Trösterin. Die Sache hätte für mich sehr unangenehm enden können, denn wer hätte mir schon geglaubt, daß ich wegen eines Schäferstündchens diese Klettertour unternommen hätte. Man hätte bestimmt das Nächstliegende angenommen und behauptet, daß ich einen Einbruch beabsichtigt hätte, zumal sich unter dem Dach ein Juwelierladen befand. Unter keinen Umständen durfte ich mein Abenteuer preisgeben. Meine kleine Freundin verband mich kunstgerecht. Die angenehmen Stunden verliefen viel zu schnell, und vor Tagesanbruch mußte ich auf demselben ungewöhnlichen Wege wieder in die Wirklichkeit zurückkehren.

Aber alles Schöne hat mal ein Ende, und wir mußten die Reise nach Beendigung der Reparatur fortsetzen. Wir hatten eben den Hafen verlassen, als es auch sehr neblig wurde. Mit westlichem Kurse war ich schon eine gute Strecke vorwärtsgekommen, als der Wind umsprang und zum Sturme anwuchs. Es wurde über Steuerbord-Halsen beigedreht. Während der Nacht hielt der Sturm und dichter Nebel an. Um Mittag des nächsten Tages war ich nur für wenige Minuten von Deck gegangen, als der Rudersmann mich rief, schnell an Deck zu kommen. Plötzlich war es ganz klar geworden, und der Wind hatte nachgelassen. Nebenbei an Steuerbord sahen wir Land mit zwei Feuertürmen. An Steuerbord hätte ich kein Land erwartet, da das Schiff doch mit seinem Kurs 12 Stunden von der norwegischen Küste abgelegen hatte. Es waren die beiden Feuertürme von Udsire auf 59 Nord und 5 Ost. Es war eine verteufelte Situation, das Schiff war rundum von über der Wasseroberfläche sichtbaren Steinen eingeschlossen. Die Steine lagen so dicht beeinander, daß keine offene Stelle zu sehen war, wo wir aus dem Teufelskessel wieder herausgelangen konnten. Viel Zeit zur Überlegung hatten wir in dieser Situation auch nicht, und doch hat das Schiff mit Gottes Hilfe eine Stelle gefunden, wo es wieder in freies Wasser gelangte, ohne die geringste Berührung mit den Steinen gemacht zu haben. Es ist erstaunlich, es grenzt an ein Wunder, wie es möglich war, im Nebel, ohne Berührung der Steine, zwischen die dicht beeinanderliegenden Steine zu geraten.

Im Skagerak ist eine sehr starke Strömung, die an der

atlantischen Küste einsetzend, längs der dänischen bis zur schwedischen Küste entlangläuft und zuletzt längs der norwegischen Küste wieder in den Atlantik mündet. Das Schiff befand sich unter der norwegischen Küste, als der dichte Nebel und steifer Wind einsetzte, der später zum Sturme ausartete. Wir waren mit dem Schiff über Stag gegangen und hätten uns der dänischen Küste nähern müssen. Der starke Strom hat das Schiff an der norwegischen Küste jedoch festgehalten und versetzte uns mit großer Geschwindigkeit. Meine Absicht, bei Skudesnäs in die Schären einzusegeln, um dort unter Lotsenführung die Reise nach Bergen fortzusetzen, war hinfällig geworden, da diese Station schon weit achteraus lag. Das Wetter war schnell besser geworden, so daß nach wenigen Stunden der Feuerturm Marstenen erreicht wurde, wo ein Lotse an Bord kam, unter dessen Leitung wir noch an demselben Tag in Bergen eintrafen. Als der Reeder mein Ankunftstelegramm bekam, war er erstaunt über die schnelle Reise. Das Schiff gehörte zur Reederei »Mathias Nielsen«, Apenrade und war ein guter Segler.

Die Rettung der Schiffbrüchigen des Seglers »Cöln«

Es war auf der Reise von Trangsund (Finnland bei Wiborg) nach Delfzyl (Holland) mit dem Dreimastschoner »Elbe«. Das Schiff war ein guter und schneller Segler und gehörte der Reederei »Carl August John«. Während der Reise herrschte viel Nebel, daher bekam ich wenig Schlaf. Als das Schiff die pommersche Küste erreichte, und die

Luft etwas aufklarte, entschloß ich mich, in der Greifswalder Oie zu ankern. Für eine kurze Zeit war ich unter Deck gegangen, um Einsicht in die Seekarte zu nehmen, wurde aber bald nach oben gerufen, wo man ein Wrack sichtete. Wir stellten fest, daß es ein Segler, der in der Mitte, vor dem Großmast, durchgebrochen und nur ein kurzer Maststumpf übriggeblieben war. Drei Leute standen erhöht auf der Decksladung, festgebunden an dem Maststumpf, und ein Mann hing mit einem Rettungsring am oberen Teil des kurzen Stumpfes. Die übrigen Masten waren über Bord gegangen. Von meiner Idee, vor Anker zu gehen, wurde Abstand und Kurs auf das Wrack genommen. Als wir uns dem Wrack genähert hatten, rief der Mann, welcher mit einem Rettungsring oben am abgebrochenen Mast war: »Kapitän Flume, retten sie uns, und fahren sie nicht vorbei wie ein Dampfer, der bereits nahebei passierte und wegen des schlechten Wetters kein Boot aussetzen wollte!« Ich ging mit meinem Segler sofort über Stag und segelte nun so nahe wie möglich an das Wrack heran und ankerte in einem kleinen Abstande in Lee von ihm. Ein Boot, mit dem Steuermann und 4 Matrosen, ruderte nach dem Wrack, und nach schwerer Arbeit gelang es, die Geretteten an Bord der Elbe zu bringen. Wieder begrüßte mich derselbe Mann von vorhin, der im Mast gehangen hatte und der Kapitän des verlorenen Schiffes war, mit meinem Namen. Hierüber erstaunt, teilte er mir mit, daß wir einmal auf dem Dampfer »Caroline Hemsoth«, er als Zweiter und ich als Erster Offizier, eine Reise zusammen gemacht hätten. Das war mir eine besondere Freude. Die Leute hatten nichts gerettet und waren nur dürftig bekleidet. Von meinen Leuten und mir erhielten sie, was an Kleidung benötigt wurde. Der

Kapitän Marquard hatte eine halbe Flasche Schnaps in die Tasche gesteckt, die die Geretteten und wir bald geleert hatten. Außerdem hatte jeder etwas Hartbrot und einen Krug Trinkwasser gerettet. Die Holzladung des Schiffes »Cöln« war für Stettin bestimmt.

In der vergangenen Nacht, als wir mit mehreren Schiffen vor Sturmsegeln trieben, segelte die »Cöln« mit vollen Segeln an uns vorüber. Das Schiff hatte hohe Deckslast. Bei der »Cöln« handelte es sich um einen alten hölzernen Pott, der bei dem Wetter so viel Segelfläche nicht vertragen konnte, und brach, dem Segeldruck nicht standhaltend, in der Mitte durch. Der Schiffsunfall kam der Mannschaft so überraschend, daß ihnen keine Zeit, sich anzukleiden, blieb.

Als wir unser Schiff nach der Rettung wieder aufgeklart und eine gute Mahlzeit eingenommen hatten, wurde mit vereinten Kräften Anker gehievt, Segel gehißt und die Reise nach dem Kaiser-Wilhelm-Kanal fortgesetzt. In Holtenau wurde der Behörde der Verlust des Segels mitgeteilt und die gerettete Mannschaft gelandet. Der Kapitän erhielt von mir einen Auszug meines Tagebuches, da das eigene verlorengegangen war. Am nächsten Tage setzte ich die Reise nach Holland fort, um in Delfzyl die Holzladung zu löschen. Nach mehreren Monaten erhielt ich eine Vorladung des Hamburger Seeamtes, wo ich in Sache des Totalverlustes des Seglers »Cöln« befragt wurde. Von einer anderen Reise zurückgekehrt, wünschte man, mich nochmals in derselben Angelegenheit zu sprechen. Man stellte an mich die Frage, was ich als Belohnung für die Rettung der Leute haben wolle. Meine Antwort darauf: »Für die Rettung der Menschen will ich nichts haben, da das doch selbstverständlich ist, möchte aber um die Rettungsmedaille bitten und für meine Leute um einen angemessenen Geldbetrag, da dieselben bald die Navigationsschule besuchen möchten.« Nach einigen Wochen erhielt ich den Bescheid, meine Belohnung abzuholen. Im Glauben, die Rettungsmedaille in Empfang nehmen zu können, wurde ich sehr enttäuscht. Vom maßgebenden Ministerium wurde mir mitgeteilt, daß Rettungsmedaillen nicht mehr verliehen würden, und mir daher als Anerkennung eine Geldsumme überreicht. Es war eine ziemlich hohe Summe. Ungerne nahm ich das Geld an. Auf meine Frage, was für meine Leute bewilligt sei, erhielt ich die Antwort »Gar nichts«.

Ein Jahr später benötigte die Reederei des verlorenen Seglers einen Kapitän. Bei meiner Bewerbung um diese Stelle stellte ich mich dem Prokuristen vor, der mich bei seinem Chef anmeldete. Als der Reeder meinen Namen hörte, sagte er: »Nein, nein, ich will nichts von Kapitän Flume wissen.« Warum? Früher hatte schon mal ein Reeder ähnlich gehandelt: Leider ist die Mannschaft gerettet, aber das gute Schiff verloren.

Nach dem Ersten Weltkrieg

Nach dem Ersten Weltkriege erwarben viele Firmen, die von der Schiffahrt keine Ahnung hatten, für einen Spottpreis alte gekaperte Segelschiffe. Durch die großen Reparaturen wurden dieselben jedoch sehr teuer. Diese Segler hatten schon mehrere Jahre stillgelegen und darunter sehr gelitten. Von diesen Fahrzeugen wurde mir von einer Kieler Firma eines Tages eine hölzerne Bark »Altai« angeboten. Es waren drei Herren an dem Segelschiff beteiligt. Viele Reparaturen mußten vorgenommen werden, ehe das Schiff wieder seetüchtig und fahren konnte. Die Unkosten wurden gescheut und viele nötige Arbeiten nicht ausgeführt. Das Deck mußte kalfatert und neue Planken eingebaut werden. Alte kurze Bretter, die als Brennholz auf dem Hausboden eines der Mitreeder lagen, mußten die Matrosen an Bord bringen, konnten aber kaum zum Spunden Verwendung finden. An beiden Seiten unseres Schiffes waren ebensolche alte Prisenschiffe vertäut, daher konnte unser Schiff außenbords nicht kalfatert werden. Da aber an einer Werft ein neuer Besanmast eingesetzt werden sollte, hatte ich die Hoffnung, daß diese Kalfaterarbeiten an der Werft erledigt würden. Aber das Schiff verließ nach einigen Tagen die Werft, ohne die Außenbordsarbeiten erledigt zu haben. Die Takelage war auch sehr ausbesserungsbedürftig. Die Mannschaft waren keine Matrosen, sondern Schulschiffskadetten, die nur wenig praktisch ausgebildet waren. Die Segel waren alt, und ich habe dieselben persönlich notdürftig ausgebessert.

Nachmittags sollte »Altai« an die Werft verholen, um einen neuen Besanmast einzusetzen. Vormittags hatte ich bei dem Schiffshändler noch Einkäufe zu machen. Beim Verlassen des Schiffes hatte ich den Leuten den Auftrag gegeben, die Vorrahen anzubrassen, damit die Takelage beim Verholen nicht durch die Takelage der neben uns liegenden Schiffe behindert wird. Bei diesem Manöver brachen beide Vormarsrahen in der Mitte. Es war nur gut, daß es noch im Hafen passierte, denn auf See beim Segelbergen würden wir unsere ganze Mannschaft verloren haben. Die Rahen wurden provisorisch gezurrt, damit Teile derselben nicht an Deck fielen. Der Lotse kam mit einem der Reeder an Bord. Dieser Mitreeder hatte absolut keine Ahnung von der Seefahrt, und es war ihm hauptsächlich darum zu tun, daß alles schön gestrichen, aber die Takelage erschien ihm weniger wichtig. Er meinte, daß es ein stolzes Schiff wäre. Der Lotse ordnete eine andere Rahenstellung an, worauf ich ihm sagte, daß Raum genug zwischen den Schiffen sei. Der Mitreeder wollte nun von mir wissen, warum ich des Lotsen Order nicht befolge. »Da die Rahen des stolzen Schiffes gebrochen sind«, erwiderte ich. Auf der Werft wurde der neue Besanmast eingesetzt und zwei neue Marsrahen angefertigt. Obwohl ich darauf drang, das ganze Schiff zu kalfatern, unterblieben diese wichtigen Arbeiten. Nach Beendigung der Werftzeit verholte »Altai« wieder nach seinem alten Liegeplatz. In die Außenbordsnähte konnte man bequem eine zweizöllige Leine hineinlegen. Da die Partenreeder nun endlich Geld verdienen wollten, sollte das Schiff jetzt überstürzt den Hafen verlassen, wogegen ich protestierte, da die Takelage noch überholt und teilweise erneuert werden müsse, ebenso die Kalfaterarbeiten außenbords, andernfalls müsse man sich um einen anderen Kapitän bemühen. Zwei Tage später kam ein Angestellter eines Mitreeders zu mir und stellte den neuen Kapitän vor und wünschte, daß ich denselben auf die Mängel des Schiffes aufmerksam machen möchte. Trotzdem trat mein Nachfolger die zweifelhafte Stellung an. Jedoch nach drei Tagen traf ich den tüchtigen Mann in Hamburg wieder. Nachdem er erkannt hatte, daß das Schiff im damaligen Zustande eine Reise nicht antreten konnte, wollte er auf diese Stellung verzichten. Die Reeder haben schließlich doch noch einen Schiffsführer für dieses halbe Wrack gefunden. Später traf ich die »Altai« in einem schwedischen Hafen, wo sie eingebracht worden war, da der Rumpf des Schiffes nur noch auf seiner Holzladung schwamm. Hätte das Schiff eine andere Ladung gehabt, wäre es wohl total verlorengegangen.

Die Reise des Dreimast-Motor-Schoners »Lauri«

Die »Lauri« war ein altes finnisches Prisenschiff. Das Schiff hatte mehrere Jahre in Lübeck angelegen und war von einem Berliner Bildhauer, der von der Seefahrt nichts kannte, erworben worden. Nachdem der Segler notdürftig instand gesetzt, wurde von der Behörde ein Seetüchtigkeitsattest ausgestellt, unter der Bedingung, daß die Lauri nur leicht beladen werden durfte. Die Ladung bestand aus losem Salz und war für Wiborg (Finnland) bestimmt. Die »Lauri« hatte als Reserveantrieb einen schwachen Glühhauben-Motor. Vom Reeder wurde mir gesagt, daß der Kompaß kompensiert sei. Eine Tabelle hierüber fand ich auch vor, stellte aber später fest, daß es eine alte war. Bei der Ausfahrt auf der Trave funktionierte der Motor sehr gut. Der Maschinist hatte schon früher eine Reise unter finnischer Flagge mitgemacht und kannte den Motor. In der westlichen Ostsee hatten wir stürmisches Wetter.

Das Schiff arbeitete schwer und der Richtung des Windes konträr. Als wir Bornholm erreicht hatten, begann das Schiff stark zu lecken, und es mußte ohne Unterbrechung gepumpt werden. Daher entschloß ich mich, die Reise nicht fortzusetzen, und segelte nach Lübeck zurück. Auch der Motor versagte, und durch den Auspuff drang Wasser in den Maschinenraum. Der Sturm und die See hatten zugenommen, und das Schiff wurde in seinen morschen Verbänden stark erschüttert. Das in die Laderäume eingedrungene Wasser hatte die Salzladung unterspült, wodurch das Schiff stark rank wurde. Querab von Warnemünde erbot sich der Kapitän der Warnemünder–Gjedser Fähre, versuchen zu wollen, die Mannschaft an Bord zu nehmen. Wir hofften aber, in ca. 5 Stunden Travemünde erreichen zu können. Da die Windrichtung uns auf diesem Kurse günstig gesinnt war, gelang es uns auch, den Hafen von Travemünde zu erreichen. Es mußte aber anhaltend gepumpt werden. Nachdem ich im Hafenbecken geankert hatte, ging ich an Land und fuhr nach Lübeck, um Schlepperhilfe zu holen. Da die Mannschaften der Schlepper streikten, war es schwierig, Hilfe zu bekommen. Erst auf Veranlassung der Hafenbehörde wurde ein Schlepper nach Travemünde beordert, um das havarierte Schiff nach Lübeck zu bringen. Im Hafen wurde der noch verbliebene Rest der Ladung gelöscht. Man konnte stehend unter der Ladung gehen, es hatte sich eine regelrechte Salzgrotte gebildet. Nach der schwierigen Entlöschung wurde die »Lauri« auf der Werft der »Travewerke« gründlich, nach Angabe eines Beamten der Seeberufsgenossenschaft, überholt. Es wurden immer mehr Schäden am Schiffe festgestellt. Der Achtersteven und fast das ganze Hinterschiff wurde erneuert, außerdem wurden noch viele neue Planken eingebaut. Die Mannschaft wurde entlassen, und der Sohn des Eigners wurde Wächter, der sich leider schlecht bewährte. Während der Werftliegezeit fuhr ich jeden Abend nach Hamburg und am nächsten Morgen wieder zurück, um die Reparaturen zu beaufsichtigen. Als ich mich eines Morgens auf der

Werft dem Schiffe näherte, sah ich aus der Kombüsentür dicke schwarze Wolken herausströmen, nahm daher an, daß es brenne. Das war aber nicht der Fall, sondern der junge Mann, schwarz wie ein Neger, kochte Erbsensuppe und sagte, daß ganz angebrannte Erbsen für ihn eine Delikatesse seien.

Nach mehrmonatigem Werftaufenthalte verließ die »Lauri«, wieder mit Salz beladen, den Lübecker Hafen. Für die Reise war ein anderer Maschinist angemustert. Auf See herrschte Windstille, und der Motor sollte in Betrieb genommen werden. Aber alle Versuche, die Maschine in Gang zu setzen, blieben vergebens. Bei näherer Untersuchung stellte sich heraus, daß der Inhalt des Benzintankes Wasser war. Auch stellten wir fest, daß in Lübeck die Positionslaternen, Ankerlaternen etc. aus der Lampenkammer verschwunden waren. Der Wächter, der Sohn des Reeders, hatte die Laternen verkauft und, wie ich später erfuhr, auch allen vorrätigen Benzin. Den Tank füllte er mit Wasser.

Die Deviationstabelle stimmte auch nicht mehr und wich auf einigen Kursen mehr als zwei Strich ab, daher richtete ich mich, so gut wie möglich, nach Landobjekten. Da ich mehrere Jahre die Ostsee befahren hatte, war ich mit den zu steuernden Kursen gut vertraut. Im finnischen Meerbusen herrschte dichter Nebel. Auf der Höhe von Hochland war das Schiff, verursacht durch den unzulässigen Kompaß und dichten Nebel, von dem richtigen Kurse abgekommen und kam der finnischen Küste sehr nahe. Plötzlich klarte es auf, und ich stellte fest, daß wir vor der Einfahrt nach Kotka waren. Ich nahm einen Lotsen, und derselbe brachte die »Lauri« nach einem sicheren Ankerplatz. Der Motor wurde gründlich überholt, Benzin eingenommen und die während der Reise schadhaft gewordenen Segel ausgebessert. Durch die Schären, mit Hilfe des Motors und Assistenz des Lotsen, wurde die Reise nach Wiborg fortgesetzt. Nach der Entlöschung der Salzladung segelten wir nach den Ladehäfen. In Trangsund und Strömfors wurde eine Ladung Holz für Flensburg geladen.

Von der finnischen Behörde wurde verfügt, daß nur für wenige Tage Proviant den Schiffen verkauft werden durfte. Als wir auf der Heimreise Bornholm passierten, waren die uns bewilligten Lebensmittel und Petroleum für die Positionslampen gänzlich aufgebraucht, so daß ich gezwungen war, in Warnemünde einzulaufen. Hier ließ ich auch sofort den Kompaß von einem Navigationslehrer kompensieren, und er sprach mit Erstaunen aus, daß das Schiff ohne Schaden mit solch einem Instrument den Hafen erreicht hatte. Der Reeder kam von Berlin und beabsichtigte, die Reise nach Flensburg mitzumachen. Beim Einkauf des Proviantes war er zugegen. Laut Gesetz erhielt die Mannschaft damals bedeutend mehr Brot etc. als Kapitän und Offiziere. Der Reeder, der für sich und mich manche schöne Wurst, Schinken usw. bestellt hatte, verlangte von mir, für die Mannschaft nicht mehr anzuschaffen wie für einen Normalverbraucher. Hierauf konnte und wollte ich nicht eingehen. Es kam zu einem erregten Wortwechsel, der damit endete, daß ich meine Entlassung nahm. Am nächsten Tage wurde mir mein Nachfolger vorgestellt, ein ehemaliger Rostocker Lotse. Der Reeder machte die Reise nach Flensburg mit. Auf der Fahrt kam es zwischen meinem Nachfolger und dem Eigner zu groben Ausschreitungen. Von Flensburg, wo der Berliner Herr ausstieg, fuhr die »Lauri« nach Lübeck, woselbst der Kapitän von dem Schiff Abschied nahm.

Der Reeder beabsichtigte, in Hamburg eine Ladung Sprit an Bord zu nehmen, um denselben nach Finnland zu schmuggeln. Nun suchte er einen für derartige Ladung geeigneten Schiffsführer, den er auch bald fand. Die alte Besatzung wurde abgemustert und hochqualifizierte Spritschmuggler, die dieses Geschäft kannten, wieder angeheuert. In Hamburg nahm die »Lauri« die wertvolle Spritladung ein und machte sich auf die Reise nach den finnischen Gewässern. Im Kieler Hafen komplettierte der Kapitän und seine Spießgesellen die Ladung. Der Reeder wollte, da es sich um sein letztes Vermögen und die letzte Chance handelte, die Reise mitmachen. Als er jedoch an Bord gehen wollte, hatte die untreue Mannschaft mit der »Lauri« das Weite gesucht. An der finnischen Küste, vor der Einfahrt nach Helsinki, aber außerhalb der Dreimeilenzone, wurden die Spritkanister in Fischernetzen verankert und gegen sofortige Barzahlung verkauft. Nach Verkauf der gesamten Spritladung wurde schlechtes Wetter vorgetäuscht, ins Schiffstagebuch eingetragen und dann das Schiff auf die Klippen gesetzt, es wurde ein Totalverlust. Da das Schiff nicht vorschriftsmäßig versichert war, hatte der Eigentümer das Nachsehen. Auch die Gelder von seiner Spritladung hat er nie zu sehen bekommen.

Die Seeamtsverhandlung lief für Kapitän und Besatzung gut aus, und wurde als Force Majeure abgetan. Angeblich sind bei dieser Strandung das Schiffstagebuch und die Geldkassette mit dem darin befindlichen Frachtgeld verlorengegangen.